JN059237

要保護児童対策
地域協議会における
子ども家庭の
理解と支援

***

民生委員・児童委員、
自治体職員のみなさんに
伝えたいこと

***

川畑 隆
KAWABATA Takashi

明石書店

はじめに

　10年少し前、教師やその他のみなさんに向けて、子どもと家族への支援についての本を書きました。それは児童虐待対応を含めて子ども家庭支援の最前線に上記の地域の専門家があたっており、そこに私として伝えたいことがあったからです（川畑隆『教師・保育士・保健師・相談支援員に役立つ子どもと家族の援助法──よりよい展開へのヒント』明石書店、2009年）。

　今度は、民生委員・児童委員のみなさんに向けて書こうと思い立ち、書き進めました。ところが、執筆を進めるなかで次第に、委員のみなさんも含めて全国の各地域で開かれている要保護児童対策地域協議会（要対協）のメンバーにも届けたいという思いを抱くようになりました。そして、それをそのまま本書のタイトルに表しました。

　執筆を思い立った直接のきっかけは、新任の民生委員・児童委員の基礎研修会の講師を引き受けたことです。演題は「相談援助面接をうまく進めるために」でした。大学の教員になってからたびたびこうした講師の依頼を受けて話したり、事例検討を一緒にやったりしてきました。でも今回は、主催者が事前に受講者に対してアンケートをとり、そこに寄せられた戸惑いや疑問の声に対して私が答えられる範囲のことを答えるという形をとったものでした。そのアンケートのおかげで、さまざまな声からみなさんの置かれた状況を垣間見ることができ、私もいろいろと考えを巡らせるよい機会になりました。ちょうどコロナ禍で活動を自粛せざるを得ないなかでの新任で、実践の経験をあまり積めていないことでの未知の活動への不安にも、みなさんは襲われていたようでした。

　私は児童相談所の職員だった期間が長く、また大学教員になってからも、要対協の個別ケース検討会議などに出席してきたこともあって、具体的にお顔を思い浮かべることのできる民生委員・児童委員のかたがけっこうおられます。それだけ、検討事例を介して委員のみなさんとも交流してきました。

　そのなかで、支援の必要なかたがたの一番近くにいる委員のみなさんの存

在の重要さ、ありがたさを感じてきました。行政の担当者からも、みなさんにさまざまなことをお願いし、ずいぶん助けられていると聞きます。その中には、子どもに対する虐待が疑われている家庭の「見守り」を依頼されるものの、何をどう見守るのかがよくわからないまま、ご苦労されている現状もあったりするように思います。実は見守りを依頼するほうもそう口にしているだけで、具体的な中身についてはあまりイメージできていない場合だってあるかもしれません。

　最初のところで「専門家」という言葉を使いましたが、たとえば医者の専門性に素人は手を出せませんよね。ところが人間関係によって人を援助しようとすることについては、その援助の可能性をもった手はどこにでもあるわけです。「専門家」という肩書のある人ではなく、それがない人によって助けられたということだってあるのは当たり前です。だとしたら、専門家だからとか、専門家じゃないからとかではなく、みんなで協力していくことで援助の成果を多少なりとも手元に引き寄せることはできます。先ほどの見守りの例でも、曖昧なまま事態が過ぎるより、納得いくまでよく話し合って具体的な対応を考えていけたらと思うのです。その話し合うときの視点や材料の足しになればと思って、本書を書きました。

　私は民生委員・児童委員の活動全体についての専門家ではありませんし、子ども家庭分野以外の仕事はしたことがありません。したがって、この本では、民生委員・児童委員が担当する福祉全般の中から、子ども家庭に関することについて、委員のみなさんに語りかける形で書きました。そして先に述べたように、要対協のメンバーのみなさん、その他の自治体や民間の子ども家庭支援や福祉全般を業務としているみなさん、地域住民のみなさんにも読んでいただければと願っています。住民のみなさんの「よき隣人」という援助の可能性をもった手は、困りごとのある人たちにとってはありがたいものですし、みんなで少しでも住みやすい地域にできたらよいと思います。

　なお、本書で取り上げる事例では個人情報を加工して用い、プライバシー保護に留意しました。

要保護児童対策地域協議会における子ども家庭の理解と支援
——民生委員・児童委員、自治体職員のみなさんに伝えたいこと
◎目次

第1章

民生委員・児童委員と
要保護児童対策地域協議会

　民生委員は児童委員を兼ねることになっています。全国に23万人ほどで、そのうち約2万人が主任児童委員です。
　要対協の各地域への設置については児童福祉法で定められています。

（1）民生委員・児童委員とは

全国に 23 万人

　民生委員は児童委員を兼ねることになっています。両方とも厚生労働大臣から委嘱される地方公務員ですが、無給のボランティアで任期は 3 年、再任も可能です。

　民生委員の活動は、地域住民に一番近いところで社会福祉全般にわたることがらの相談に乗ったり、行政との橋渡しをすることで、地域を分担して担当することになります。児童委員としては、子どもや妊産婦に関する活動に従事します。民生委員・児童委員の中には主任児童委員に指名される人もいて、その場合は担当する小地域を超えて児童問題に対応します。

　民生委員・児童委員は全国に 23 万人ほどで、そのうち約 2 万人が主任児童委員です。実際の活動を管理するのは都道府県（政令市・中核市）で、全国民生委員児童委員連合会がその活動を支えています。

　民生委員・児童委員について詳しくない読者に向けた、委員についての紹介は以上です。私自身は委員になったことはなく、これぐらいしか知らないわけですから、以下に的外れな記述も出てくるかもしれません。ご面倒でもご指摘いただければありがたいと思います。委員について、より詳しくは厚生労働省や全国民生委員児童委員連合会のウェブサイトの該当箇所、その他をご覧ください。

委員の気概と、なり手不足

　先ほど述べた私が講師をつとめた「基礎研修会」の受講者のお 1 人から、次のような内容の「振り返り」をもらいました。「私は地域の福祉を担うボランティアであり、身近な相談相手であり、専門機関へのつなぎ役だと思っております。私は非常勤の地方公務員を拝命しておりますが、役所に就職した覚えはありません。私としては今後とも微力ながら活動させていただきますが、公務だと思って仕事をする気はございません」。

私は委員の活動は「公務である」と発言したのですが、歴史的にもそのかたが述べられたような共通認識が委員のみなさんのなかにきっとあるのだと思います。その受講者の「気概」に触れた思いでした。

　しかし、委員になる人の不足が新聞などでも報道されています。住民同士のつながりが薄くなっているところに、逆に個人の中に入っていくような活動を求められたり、またその活動が複雑多岐で負担感が大きかったりすることなどが背景にあるのだろうと想像します。実際に就任されたみなさんの戸惑いや不安、悩みをどう受けとめてやわらげていくのか、そのことが、なり手不足を解消していくためにも重要な課題だと思います。

(2) 私が委員になったとしたらこう思う

自分が住んでいる地域での活動

　私が勤務していた児童相談所は京都府の一部地域を担当していて、その担当地域に暮らしている職員はいないか、いても1人か2人でした。これが住民により身近な市町村の職員となると、たとえば子ども福祉課の職員で担当地域に暮らしている人の割合はもう少し大きくなります。でも委員のみなさんは、活動の対象になる住民のまさにその中で暮らしているわけです。

　私は、自分の担当している家族が、極端にいえば自分の隣に住んでいるとしたら、どんなおつきあいができるのかできないのかと戸惑うだろうと思います。児童相談所ではもちろんそんな場合は担当を外れたりしますし、自分の居住地域はできるだけ担当しないように配慮します。でも、委員はまさに住民の中で活動することが求められているのです。

　気がかりはやはりプライバシーです。かかわりのある住民に関する必要なことについてはプライバシーを知ることになります。当然、委員は住民の秘密を守るのですが、「委員さんは自分たちのプライバシーを知っている（かもしれない）人」として見られることになります。

　住民のプライバシーだけではありません。「あの人は委員だ」と知られた

だけで、委員自身もプライバシーを少し脅かされる感覚をもつでしょう。

ボランティア精神と公務

　自分自身の人間関係などについての感覚を大切にしながらボランティア精神で活動することは、とても大切なことだと思います。マニュアルを見ながらの仕方なしの対応は、相手にとって心地好くありません。

　でも、だからといって委員が自分勝手に自分の思いだけで活動を進めていくと、個人プレーの色彩が際立ち、全国どこの地域でも行われるべき住民サービスの共通性が失われてしまいます。住民にはどこに住んでいても公平にサービスを受ける権利があります。そして何か問題が生じたときに個人の責任が問われるところまではいかないとしても、実質はその委員のやり方が問題だったとして整理されてしまうことになりかねません。

　だとすれば、やはり委員はどんな活動をするのかについて明確になっていなければならないし、どこまでが活動として許されているのかという制限などによって、委員自身が守られる必要があります。また、公務である以上、好き嫌いなどで活動が選択されすぎると、先ほどの公平性からも都合のわるいことになります。

委員の実際を知っているのは委員だけ

　私が委員になったとしたら思うだろう、相手と自分のプライバシーと公務であることについて述べました。

　あらためて、行政からのより具体的な活動の指針や説明が必要なのではないかと思います。委員に対して住民のプライバシーに踏み込めと行政は言います。でも、その一方でプライバシーの尊重を訴えます。それではどこにどの程度踏み込めばいいのか、どれ以上は控えたほうがいいのかわかりません。コロナ禍での家庭訪問自粛などについても、それでは委員活動をどのように行うのかについての抽象的な通知はあっても、委員の率直な疑問に行政は具体的に答えられているでしょうか。

　これは行政に対する悪口ではないと理解してほしいのですが、行政の担当

者に委員を経験した人はいないのではないでしょうか。おられたらすみません。

　行政で文書を作る人たちは、文書上で辻褄の合う説明をします。より詳しい細かいことがらにまで言及すると辻褄が合わなかったり、どうそれを合わせればいいのかわからないことが出てくるので、結果として抽象的な表現にとどまります。そして、委員としての生の経験をもたない担当者の想像力には限界があり、たとえば委員から出た具体的な質問に対しても抽象的に答えざるを得ません。そして、質問した人は結局自分で考えるしかなくなってしまいます。

　だとしたら、行政に働きかける一方で、委員も自分たちで行政を巻き込みながら具体的な指針を作っていかざるを得ません。

(3) 委員の心構えを問われて

ふつうに誠実に

　先に述べた研修会の事前アンケートには、「委員活動でとくに気をつけることは何か」「どこまでこちらから積極的にアプローチしたらいいか」などの項目もありました。

　委員として活動しなければならない内容については、人間や人間関係について自分の想像力をフルに働かせながら相手との関係を探りつつ行う、つまり「ふつうに誠実に」ということに尽きるだろうと思います。地域のみなさんが穏やかに暮らしていくことに不安を覚えさせてもかまわないような特権が、委員にあるわけではないことは当たり前ですし、この心構えは対人援助を行う人たちみんなにとってそうです。

　子ども家庭福祉関連のことについて、どう考えてどう対応したらいいかの各論については以下に述べることになりますが、この総論的な回答では、まさに先ほど述べた行政の文書を書く人の限界を越えられていないでしょうね。

頼る力量

　委員活動のなかで、福祉の制度に関する説明などについては委員1人で対応できることが多いでしょうが、何らかの相談、それも複雑なものになるほど1人で対応することには限界があります。児童相談所でも、とくに子ども虐待相談では職員は2人以上で対応することが定められています。仲間がいると一緒に考えて意見を言い合えるし、お互いによい意味で頼れて守り合えるし、1人のときよりもお互いをチェックして相手への対応をより適したものにできるからです。

　このようにことがらによっては委員同士助け合えるシステムが必要です。担当地域が異なることによるプライバシーの問題などがあったりするとは思いますが、行政の担当者との日頃の連携もとくに大切にしたい点です。人に頼るのは自分1人でやる力がないからではありません。人に頼る力があるからです。

これまで歩んでこなかった道

　少し耳慣れない、偉そうなことを述べます。

　私たちは、これまでの人生の各地点で、右に行くか左に行くか（思想のことを言っているのではなく単純に左右のことです、念のため）の選択を迫られ、どちらかあるいはそれ以外を選んで生きてきました。右を選んだということは左を選ばなかったということです。その選択の事情はその都度いろいろとあったわけですが、自分や周りの状況が異なれば、右ではなく左を選んだかもしれません。つまり、私たちはその選んだ道を歩いて人生を進めてきたわけで、選ばずに歩んでこなかった異なる別の道がその陰にあったのです。

　委員になって、なぜ自分がこんな活動をしなければならないのかと納得がいかない人、これまでの人生経験を踏まえて自信をもって対応したのにうまくいかず、イライラが募ったり、どう対応していいか混乱している人に、とくにお薦めの考え方がこれです。「これまで歩んでこなかった道」を歩くチャンスが与えられたと思い、そのチャンスを生かすことができれば、2つの道

を合わせてよりよい人生を送れたことになるんじゃないかというわけです。でも、もちろんこんなふうに考えなければならないはずはなく、それぞれの勝手でいいのですが……。

　民生委員・児童委員についてはここまでです。私の経験で言える以上のことを言っている部分があるかもしれません。お許しください。

（4）要保護児童地域対策協議会（要対協）

協議会の概要

　要対協の各地域への設置については児童福祉法で定められています。要対協は、虐待されている子どもを中心とした要保護児童（「家庭養育だけに任せておけない子ども」というのが私の意訳です）の処遇を検討する“シンクタンク（頭脳集団）”です。対象の子どもやその家族にかかわる機関の代表や担当者が、顔を合わせて話し合います。

　要保護児童の他に、要保護児童よりは保護の必要性の程度が低い要支援児童、出産後の子どもの要保護性が懸念される特定妊婦も協議の対象に含まれています。協議会の事務局は市町村の子ども福祉課などに置かれ、①代表者会議（子どものことに関係する各団体の代表者が出席）、②実務者会議（対象地域の要保護児童へのかかわりの状況などの全容を把握・管理）、③個別ケース検討会議（個別の事例ごとにその支援を検討）の三層構造になっています。

　私は③の個別ケース検討会議に出席することがありますが、対象となる事例にかかわっている諸機関の担当者が出席しており、民生委員・児童委員もそこに含まれています。よく言われる行政の縦割りの弊害をクリアしようとする、ある意味で画期的な横割りの会議となっています。

　会議のメンバーは、対象の事例に関する情報の単なるメッセンジャーではなく、事例をよりよく検討するシンクタンクのメンバーとして参加することが求められています。協議された内容について守秘義務が厳しく求められて

いることは、言うまでもありません。

協議・運営上の課題

　個別ケース検討会議では、子どもが保護者から虐待されている事例が検討される場合が大半です。虐待をどう防ぐかだけでなく、そのためにも対象家族をどのように理解し支援していくかが大切ですし、議論を活発にすることが重要です。しかし、私が参加した会議にはそこに苦労しているところが多くありました。

　また、参加者全員で協議し内容を詰めていくというよりは、当該家族や子どもに関してつかんでいる情報がそれぞれから報告されるだけで、それらをもとにどう考えどうしていくのかについては、事務局や参加者の1人である児童相談所に丸投げされるようなこともありました。これは上記の苦労の一側面だと思いますが、会を覆う「出口」のない雰囲気が、参加している各機関の批判の応酬や投げやりな発言などにつながったりすることもあるようです。

　②の実務者会議では、多くの事例の個々の進行をどう管理していくかが非常にむずかしい課題ですが、個別ケース検討会議での協議内容をどのように実務者会議に適切に結びつけていくのかについても、検討すべきでしょう。

　これらは私が見聞きした課題です。その他にもいろいろなことがらがあると思われます。個別の子ども家庭の理解と支援を具体的に行っていくために、地域としての努力を進めていく必要があります。

第 2 章

子ども家庭についてのお薦めの考え方

自立とはどんな状況でも1人でやっていけることではなく、必要なときには他の人の力を借りられることが重要です。その力をつけるためにも、周囲から守られ安心しているという感覚が、子どもの心身に染みこんでいてほしいものです。

（1）今のお父さんお母さんたちはたいへん

世の中から思わされていること

　子ども家庭に関して世の中ではいろいろなことが言われています。「最近の若い親はなっとらん」「親がちゃんとしとらんから子どもが問題を起こすんだ」「夫婦喧嘩や離婚が子どもに悪影響を与える」「子どもの能力は3歳までに決まる」「未成年の犯罪が増えている。少年法を改正して厳罰化が必要だ」……キリがありません。そしてこれらは怒りや焦りとともに言い立てられます。でも、本当にそうなのか、まことしやかにそう言われ思わされているだけじゃないのか……そんなふうに再点検してみてよいことがいろいろありそうです。

昔の親はしっかりしていた……か？

　向田邦子といっても若い人はピンと来ないかもしれませんが、秀逸なテレビドラマのシナリオをたくさん残し、台湾で乗っていた飛行機が墜落して亡くなりました。かつて必ずといっていいほど正月ドラマスペシャルとして向田邦子原作のドラマが放映されていた時期がありました。場面は昭和10年代の一般家庭で、たとえば杉浦直樹が演じる父親、加藤治子が演じる母親と若い3姉妹との間で繰り広げられるホームドラマです。そこでは一家の大黒柱である父親を中心に家族思いの優しい母親がいて、子どもたちのことに絡んで家族の微妙な心理や動きが興味深く描かれていました。そして、どんなことが起きても、父親と母親のペアがどっしりと構えて家族を束ねていました。

　そう書くと、「そうだ！　かつての親はしっかりしていたし、私たちもちゃんとやってきたつもりだ。それに比べて今の若い親たちは……」という定番の言い方が続きやすくなります。でもそうした感覚は年代によって違っているように思います。私は67歳ですが、今の若い親世代を子どもとして育て、子どもたちと同じ時代を共有してきた部分があるので、若い親たちの気持ち

もわかるところがあります。しかし、私たちの経験と子どもたちの経験はまったく同じではないので、首をかしげて嘆きたいところもあります。

　家族のありようは時代の影響を受けています。以前はよかったのに今は……と単純に比較はできません。昔は家父長制度やその雰囲気がまだ生きていましたし、価値観も表向きには単一で、父親のありよう、そしてそれに対する母親のありようまで世の中が決めてくれていたのではないでしょうか。つまり、個人としては弱い父親であってもおかずは一品多く、上座の座布団に座らせてもらえたし、母親は権威ある父親にダメ出しをされた子どもを温かな懐で癒す、「おふくろ」の役割を与えられたのです。ですから、昔の父母を貶めるつもりは毛頭ありませんが、昔の親のすべてが個人としてしっかりしていたわけではないと思うのです。

　しかし、昔と違って、家庭はこうあるべきだという規範が今の世の中にはありません。どういう家庭であるかはそれぞれの家庭に任されています。それに、たとえばニンテンドー・スイッチを子どもに買ってあげるかどうかなんて、以前の親は悩まなくてよかったのです。なぜなら、ゲーム機なんてなかったからです。

　幼稚園の子が「スイッチを欲しい」と言って、父親は「高価なものだし、まだ早い」と言い返します。母親も父親と同意見なのですが、子どもが「みんなもってるんだもん」と言うので、仲のよい友だちのお母さんに尋ねてみると、「うちも買ったのよ。もってる子は結構多いらしいのよ」とのこと。父親に話すと、「そうなのか。もってないっていじめられても可哀そうだしな」。母親も「そうよね」となってしまうことについて、誰がこの親たちの判断を責められるでしょうか。

"おすそわけ"や引っ越し、お葬式の変貌

　「夕飯のおかずをちょっと作りすぎたのよ」とお隣に料理を"おすそわけ"するというのも、あまりなくなったのではないでしょうか。それこそ、食中毒にでもなられたら困りますからね。

　引越しや葬式なども時代の流れを端的に映しています。引越しは日曜日に

会社の部下に手伝いを頼む、葬式はご近所に賄いを頼んで自宅で執り行うというのが、一昔前までの定番でした。今そんなことをしたら、会社の部下やご近所はあからさまには拒絶しないかもしれませんが、引越し業者や葬祭業者のチラシをそれこそチラつかせてやりたいのが本音ではないでしょうか。

　私的なことに職場や地域を巻き込むと、相手にも自分にも大きな負担がかかります。その負担が軽減されると楽です。便利で楽なのはいいことですから、その方向にものごとは動きます。

　こんなふうに世の中は煩わしさから抜け出す方向に推移し、その結果、個人と個人との境い目、家と家との境界が分厚くなってきています。個人情報の保護がどんどん進められ、必然的に地域での人々のつながりは薄くなります。

　でも、それで楽になっていいことづくめかというと、そうでもありません。よそのお宅のことが気になり始めるのです。いろんなことについて、「それは自分のところだけじゃないのだろうか？」と不安になります。

　このような"横の（つながりの）分断"とでも言えるような状況だけでなく、"縦の分断"、すなわち祖父母たちとの別居によって、お互いに教え教えられ、頼り頼られる関係も薄くなっていることは言うまでもありません。

「ふつう」は時代や状況によって変化する

　ある町で、「あそこの家では子どもにコンビニ弁当ばかり食べさせている。不適切な養育だ」と、近隣のかたから役場に通告がありました。ほかにも不適切だと思われるような養育状況がいろいろある場合は調べてみる必要があるかもしれませんが、どうもその家庭に関しては弁当のことだけが目立ったようです。さてそれは不適切な養育でしょうか。これも先ほどのニンテンドー・スイッチの件と一緒ですが、以前はこんな通告はありませんでした。なぜなら、コンビニ（弁当）なんてなかったからです。もしコンビニがあったとしてもこれまでの人たちはコンビニ弁当を買わなかったでしょうか。そんなことはないでしょう、便利だし、安いし、おいしいですからね。

　コンビニ弁当ではなく"温かく愛情のこもった"ご飯を自分で作って子ど

もに食べさせてあげてよという通告者の気持ちがあったのだろうと思いますが、その気持ちまでは否定しません。でもそれはあくまでも個人的な気持ちであって、行政に規制を要求するようなことになってしまっては、とても不自由で生きにくい世の中を作り出そうとしているかのようです。

　ほかの例ですが、厚生省（当時）が作った児童虐待防止啓発ビデオに登場する2人のお母さんについてです。1人は「下の子が生まれて焼きもちを焼いて歩かないお兄ちゃんの膝のうしろを、ベビーカーを押しながら繰り返し蹴った」体験を話すお母さん。もう1人は「子育てがしんどくて腕に抱いている赤ん坊を床に落とそうかと一瞬思った。あのとき落とさなくてよかった」と涙ながらに告白するお母さんです。学生たちにそのビデオを観せたところ、学生の1人が「最近の母親はなっとらんなあ！」と発言しました。この学生は、子どもに対してそんなことをしない、考えもしない、温かくて優しいお母さんを「ふつう」のお母さんだと考えていたに違いありません。べつにお母さんたちみんなが子どもを蹴ったり、赤ん坊を床に落とそうと思わなければならないわけではありませんが、この2人のお母さんも「ふつう」のお母さんの仲間に入れてあげてもいいのではないでしょうか。「私、子どもを蹴ったの」「私、この子を床に落とそうとしたのよ」と告白する人は少数かもしれませんが、そう思ったことがある人は結構いるでしょうし、ビデオのお母さんたちの気持ちをよくわかる人は多いことでしょう。子育ては大変なのですから。

豊かな昔に戻れるのか

　子どもたちを誘惑し、親を惑わせる社会からのさまざまな刺激をなくし、失った社会的な"縦のつながり"や"横のつながり"を復活させる……これは実現のむずかしい願いでしょう。地域での"祭り"を復活させようとするような試みも目にしますが、順調に継続しているところだけではないと思います。うまくいっている場合にはそれを促す知恵が働いているのでしょうし、その知恵を共有できることが望まれます。

＊　＊　＊　＊　＊　＊　＊　＊　＊　＊　＊　＊　＊

子ども家庭例1〜泣いて電話をかけてきた若いお母さん

　電話の主の19歳のシングルマザーは、「赤ちゃんを叩いた、自分は子どもを虐待するわるい母親だ」と号泣していました。尋ねてみると、ミルクを飲まないことにイライラし、おしりを手のひらで1回叩き、いつからかと問われると「今日から」とのことでした。「それは虐待ではないよ。安心して。でも心配して電話をかけてきてくれたとっても優しくてよいお母さんだと思うから、明日来て、話を聞かせてくれませんか」と告げたら、翌日会うことができました。話を聞くと、「育児書に書いてあった量のミルクを飲まないので焦った。やっぱり自分に子どもを育てる資格はないのかな、産んだのは間違いだったかなと思って、とても悲しくなった」と話してくれました。私の頭には、彼女の自宅近くを拠点としている育児支援グループのリーダーのお顔が浮かびました。お母さんの了解をとってそのリーダーに話すと「私に任せて」と一発でOKでしたので、早速、近くの公園で面会する約束がとれました。

　リーダーから後日談として聞いたのは次のような内容でした。「ミルクの量で悩んでいると聞いたので、育児書には何CC飲ませるように書いてあって、あなたの赤ちゃんは何CC飲んだのか尋ねたの。そしたらそれでいいよと言えるくらい結構飲んでるのよ。私の5歳の子どもが公園を走り回ってたんで、あの子がそのくらいの年には、その量の3分2くらいしか飲んでなかったと思うよ。それでも見て！　あの大きな身体、やんちゃなこと。育児書に書いてあることは気にしなくていいよ、私の言うことを信用してよって言ったら、そうなんですか！って大きな声を出して驚いてたわよ。それから公園デビューができて、ママ友もできたみたいで、いい顔してる。この前、担当の保健師さんと話したんだけど、赤ちゃんの成長は順調だし、お母さんもおかげさんで元気になってきたって」。一件落着でした。

＊

　本書では私の記憶にある子ども家庭の例を、それに関連する箇所で紹介していきます。事例にはさまざまな要因があり、支援も単一ではありませんが、記憶のエッセンスだけを述べることにします。私はこんなふうに考

えてこう対応したと書きますが、読者のみなさんにもそうしてくださいと伝えているのではありません。あくまでも子ども家庭例として紹介するので、そのように理解してください。記述にあたってはプライバシーに配慮しています。もちろん、出てくる名前も仮名です。

＊　＊　＊　＊　＊　＊　＊　＊　＊　＊　＊

　昔に戻るのでなく新しく人間関係の場を作っていくことのパワーって凄いと思います。この事例のような活動をしているグループは地域に結構あります。行政を通してでも知っておくと、必要なときに連携がとれるかもしれません。

　全国各地での「子ども食堂」の取り組みや、貧困家庭の子どもたちの支援をしているグループの活動なども、地域を支えてくれています。

(2) 子育てしながら気になるフレーズ

自立とは人の力を借りないことじゃない

　児童相談所でたくさんの子どもたちに出会いましたが、そのなかには周りの大人から十分に世話されていない子どもたちも多くいました。

　子どもたちは何歳であろうと、目の前の社会との間でうまくいかないことに直面します。自分の思い通りにいかなくて困ったり、喧嘩したり、失敗して叱られたりです。子どもは未熟なので当然です。そんな子どもが大人から世話されるのは、その子の年齢に適した守られ方をするということでもあります。そして守られることで安心し、次からうまくいくやりかたを教えられ、だんだんしっかりしていくわけです。でも、大人から世話されず守られないと、自分で自分を守るしかなくなります。固まって自分を閉じてしまったり、かえって暴れて自分の気持ちを主張したりです。これは仕方ありません。子どもはまだ社会に認められるような自分の守り方をよく知りませんし、大人でもたいへんな課題を目の前にしているのですから、自分を守るのに必死です。周りのこととか先のこととか他のやり方を考える知恵や余裕はありませ

ん。

　この自分を守る行動が、治すべき問題行動として相談にあがってきているのではないかと思って、私は児童相談所で働いていました。相談がうまくいって少しでも大人から守られる体験をすると、その問題行動はよい方向に変化していきました。

＊　＊　＊　＊　＊　＊　＊　＊　＊　＊　＊　＊

子ども家庭例2〜リーダーがいない家族

　中学3年の静香さんは不登校でした。両親との3人暮らしでしたが、「リーダーがいない」家族でした。静香さんは、学校の行事に参加したり授業を受けたりすることはできましたが、休み時間に友だちとかかわるのが苦手で、結局独りぼっちでした。その苦手な部分が思い起こされ負担になると登校しないのです。両親は登校してほしいと説得しようとするのですが、静香さんは「はい」と返事はするものの足は動きませんでした。

　家族3人との面接を繰り返しましたが好転せず、両親が実際に登校を促すときにサポートしたり、「リーダー」のモデルを両親に提示したほうが助けになるのではないかと判断して、登校時刻に2日連続して私と同僚の2人で家庭訪問をしました。そして結局、しぶる静香さんを家から押し出すことができて登校は成功したのですが、翌日からまた不登校になってしまいました。

　両親と面接すると、母親から「理想的としては、自分から登校してくれたら……」という発言が飛び出し、父親も同意しました。私は「そうか！」と膝を打ち、こう伝えました。「その"理想"は幻想ですから実現しません。なぜなら、行きたくないから行かないと甘えているお姫様と、その甘えの罠に引っかかっているご両親が一緒になって不登校を作り出しているからです。静香さんはこれまでも今も、自分1人で不登校を克服しようとする意思はもっていないようです」。どうも私のその指摘がご両親には届いたようです。ご両親というリーダーが動き出し、事態は登校、高校入学、登校継続へとつながっていきました。

　この例は、本文からイメージすることとは少し趣を異にするかもしれま

せんが、両親によるお世話が静香さんの今やこれからの人生を助けたのだと思います。

　なお、不登校の事例にはこのように接したらいいというのではありません。事例への対応はその特徴に応じて１つひとつ異なります。

＊　＊　＊　＊　＊　＊　＊　＊　＊　＊　＊　＊　＊

　「過保護はいけない」「自主性を育てよう」とよく言いますが、「何事も過ぎたるは及ばざるがごとし」は当然だとしても、この世話される、守られるという受け身の体験は、子どもの成長にとても大切です。「自立」の大切さについてもよく語られますが、自立とはどんな状況でも１人でやっていけることではなく、必要なときには他の人の力を借りられることが重要です。その力をつけるためにも、周囲から守られ安心しているという感覚が、子どもの心身に染みこんでいてほしいものです。

　「世話しすぎ」ということに関連するかもしれませんが、「子どもの能力は３歳までに決まる！」という類いのフレーズを聞くことがあります。これを聞くと焦る保護者もいるかと思います。子どもが２歳だったら「まだ間に合う！」と、幼児用の学習教材を揃えることに躍起になったりします。でも、それが子どもの年齢に適した適切な世話かどうか、いましておくべき世話が他にあるのではないかと考える余裕があったらいいですね。このフレーズを言い始めたのは、もしかしたら儲けを狙う学習教材の業者かもしれません。

親の「いい顔」

　「子どもを健全に育てる秘訣って何ですか？」と尋ねられたことがあります。ひねり出した答えが親の「いい顔」です。べつに「笑顔を」と言ったのではありません。世の中はユートピアではありませんから、そんなに笑ってばかりはいられません。「子どもから見て自分が心配しなくてもいいような親の表情」と言い換えましょう。

　家族といるとき、誰かが具合がわるいと気になり、場合によっては心配でその人の横から離れられなくなります。逆に、元気な顔、たくましい顔に対

しては心配しなくていいわけですから、放っといて自分自身のことに携われます。私の知っている不登校の中学生はお母さんが自殺しないかと心配で、学校に行かずにずっと見張っていました。

＊　＊　＊　＊　＊　＊　＊　＊　＊　＊　＊

子ども家庭例3 ～白のクレパスは問題だけど……

　1人で遊びに行くのが好きであまり家にいないお父さん、早く結婚しすぎてもっと遊びたいけど、お父さんに文句を言って怒らせて離婚を切り出されたら嫌で、家事と子育てに追いやられている不満と諦めに満ちたお母さん。

　小5の英子は3人姉妹の長女で、不登校気味でした。家族で1枚の絵を描いてもらったのですが、英子が白色で描きます。お母さんは「白だったら見えないじゃない」と言いますが、英子は無視して描き続け、お母さんは不満顔。絵が完成してから説明を求めると、母「白で描いたら見えないのにね」→私「だったら色を替えさせたらよかったのに」→母「そうですね、アハハ」→父「こいつ（母親）は軽いからね」→母「アハハ」という会話が続きました。

　その回以降のお母さんとの面接で、「白色は問題だけど描き始めたものはしょうがない」というのは、「父親に文句があるけど言ってもしょうがない」と一緒で、「英子が学校へ行かないのもしょうがない」にもつながっていることが浮かび上がりました。英子は、お母さんの「不満と文句はあるけどしょうがない」という「軽くじゃなきゃやってられない」ような元気の失せた気分と表情の横にいて、同じ気分に浸っていた可能性があります。英子に「あなた、何をしてるのよ！」と一喝する元気がお母さんにあったら、そしてもちろん、不満足なお母さんにお父さんが元気をあげられたらよかったのでしょうが……。

　その後、運動会をきっかけに英子は登校を再開しました。楽しみな行事というよい波に乗れたのですが、わるい波が来たら……という不安は残りました。でも、不登校気味という相談の主訴がなくなった以上、相談は続けられませんでした。私には、両親間の子どもの養育への協力という本丸

に立ち入れなかった悔いが残りました。

＊　＊　＊　＊　＊　＊　＊　＊　＊　＊　＊　＊

　「夫婦喧嘩」はあまり評判がよくありません。でも、それはときには激しかったりするけれど、必要な意見交換だったりもします。子どもの養育内容についての喧嘩だったとしたら養育熱心なよい両親ですし、子どもにとっては耳障りでも、少なくとも自分が見捨てられていないことを確認できるかもしれません。また、とくに小さな子どもにとっては両親の喧嘩は恐くて緊張の極みです。ドキドキしながら喧嘩の様子をうかがっていたら「いつまで起きてるの。寝なさい！」とお母さんから言われ、なかなか寝つけないけど、しばらくしてようやく眠りにつきます。朝起きたときに夕べのことを思い出し、恐る恐るリビングの様子をうかがうと、お父さんとお母さんがにこやかに話しています。ホッとして幸せな気分になります。この前夜や朝起きたときの緊張と、両親のなごやかな様子を見たときの弛緩……そんな心と身体が一緒になった実感は、子どもの感情や感性の発達にとても貢献しているように思います。

　「離婚」が増えています。一般に結婚は易しくて、離婚はむずかしいと聞きます。離婚したくても離婚できなかったり、子どものためにと我慢して離婚を思いとどまることも多いと思います。でも、子どもにとって離婚前の母親の憂鬱な表情や離婚の衝撃よりも、離婚後の母親の「いい顔」のほうがありがたい場合もきっとあります。これは母親が親権をとって子どもを養育するという多くの場合の記述ですが、離婚後の子どもと父親との関係も子どもの側に立って十分配慮しながら、母親が自分らしく自分を大事にして生活していけるなら、それを応援してくれる子どもは多いことでしょう。

少年非行や犯罪は増加し凶悪化しているか？

　少年が起こす事件やその凶悪化がよく取り沙汰されます。そして少年法の改正、すなわち厳罰化が国会議員などから叫ばれ、弁護士会が反対するとい

う構図は見慣れたものです。

　この少年犯罪の増加と凶悪化は本当でしょうか。いや、それは事実と異なるのです。今年は去年より増えたとかそういう例はあるかもしれませんが、たとえば昭和40年代以降の少年犯罪数のグラフを見るとだいたい右肩下がりです。凶悪化については、たしかに重大な事件は今もあるのですが昔からあります。たとえば兄弟を殺した事件は今ならワイドショーをしばらく賑わすでしょうが、60年ほど前の新聞記事を見ると小さな一段記事にしかなっていません。

　このように事実と異なる情報が漠然と信じられているようです。あの池上彰さんも朝日新聞上で、「なぜマスコミは少年犯罪が減っているという明るいニュースを報道しないんだ?!」と、何年か前に取り上げていました。なぜそうなるのかはわかりませんが、「ことさら問題があるんだと煽って世の中を自分たちの思う方向に変えていきたい、と政治家は平時には思う傾向がある」というような評論家の見方が新聞などで紹介されていたことを思い出しました。

　いずれにしても、少年犯罪の増加や凶悪化が進んでいるという言説は、自分の子が被害者にならないかだけでなく、加害者にならないだろうかといった具合に世の親を不安にさせます。

「心の闇」を作ってる？「心理的虐待」してる？

　テレビのコメンテーターが少年犯罪についてコメントするときには家庭環境も取り上げられますが、家庭環境に大きな問題がないと報道される場合には、少年の「心の闇」という言葉がいつからか用いられるようになった気がします。私は、コメントに家庭環境が使えなくなったら次は「心の闇」かと、意地悪くそれを聞き取っていました。心は闇だというのはそうだろうと思います。人の心なんて明確にはよくわかりませんから、闇という表現は不可解だとは思いません。でも、そのことを言っているだけなのだとしたら、少年犯罪については何もコメントしていないのと一緒です。

　この「心の闇」や、子どもの虐待関連記事でよくみられる「心理的虐待」

という言葉は、親御さんに次のように影響を与えている場合があるようです。あるお母さんから質問を受けました。子どもが言いつけを守らなかったときに強く叱ったら、子どもの顔が暗くなって黙り込んでしまったそうです。それはそうでしょう、叱られたのですから。でも子どものその様子を見て、お母さんは「子どもの心に闇を作ってるんじゃないか、私は心理的虐待をしてるんじゃないか」ととても心配になり、叱るのをやめたといいます。「子どもを叱るのってよくないんでしょうか。ほめて育てるように最近よく言われますけど、そうしたほうがいいんでしょうか」と問われた私は、「叱るときはちゃんと叱り、ほめるときはほめてあげたらいいと思いますよ。気にされていることは心理的虐待でも心の闇でもなく、ふつうの子育てと子どもさんのふつうの反応です」と伝えました。

どこでどんなよいことが育っているかわからない

　保育園や幼稚園での子どもの擦り傷が親から園へのクレームに発展することがあって、そのクレームを事前に防止するために、いち早く親に連絡することにしている園も多いようです。しかし、不足がないようあまりに丁寧な対応ばかりをしていると、その丁寧さが少し欠けたときに親の不安とクレームを作り出しやすいという、悪循環に陥る危険性もあります。

　それはともかく、子どもの遊びのなかでの擦り傷なんて勲章みたいなものではないでしょうか。遊びまわっていろいろな経験をすることの中には、傷を作ることも含まれています。小さなケガは大きなケガを防ぐ訓練みたいなものです。身体の不自由さがあるわけではないのに、転び方を知らずに顎をケガしてしまう小学生のことが報道されました。子どもは擦り傷をするものだと、親は思っていたほうがいいでしょう。

　今度は中学生の話です。ある中学の野球部男子は、2年生の新チーム結成時にレギュラーに選ばれませんでした。しょげている息子を見ているのが辛かったお父さんは、部長の先生に電話を入れました。しかし、現時点では技量が足りず補欠にならざるを得ないことを、受け入れる以外にはありませんでした。そして、その中学生も補欠になったからといって退部することなく、

卒業まで立派に部員を続けました。

　生きるうえでの自分の立ち位置というか、自分が受け入れることによって無理なく生きられる場所を見つけることも、子どもの発達上の大切な課題の１つです。そのことを、この中学生は野球の技量、部員のなかでの自分の居場所に関して体験したのだと思います。途中退部しなかったことがそのことを示しているようで立派です。お父さんは子どもの辛さを自分の辛さとして受けとめ、部長に電話し何とかならないかと掛け合ったのですが、実は最初にお父さんが守ろうとしたのは辛かったお父さん自身の気持ちだったのかもしれません。部長の言葉を受けとめ息子を見守ったお父さんは、そのことを通して大きくなろうとしている息子を守ったのだと思います。

　これらのエピソードも、子どもが受けているかもしれない“ストレス”に敏感な現代の親の状況を示しているように思えます。

“不調和”や“対立”をそんなに怖がらなくても……

　「ほめる」子育ての推奨や、子どもの受けるストレスに敏感な親の状況にも通じることだと思いますが、個人情報の保護、子どもの人権の尊重、心のケア、虐待やいじめ・さまざまなハラスメントの防止などが社会的に目指されているなかで、相手の領域にも立ち入って不調和や対立を生むようなかかわりを避ける方向で、世の中が動いているように見えます。

　たしかに、不調和や対立のない明るく楽しい家庭は耳障りもよく憧れますが、そればかりを目指すと、家庭内で関知したことについて見て見ぬふりばかりをしなければならないのではないでしょうか。まして子どもを適切に育てようとすれば、不調和や対立を意図的に作り出すことだって必要な場合もあることでしょう。よその家のことが見えなくなると、逆にそれが気になってしまうことはすでに述べましたが、よその家ではそんなことはないと勝手に思い込み、自分の家のトラブルが異常に思えて慌てたりもします。

　優しい関係、子どもが主役のよい家族でいたいということが、そうでない関係や家族をあまりに恐がる結果としてあるとしたら、親も地に足がつかずに居心地がわるいのではないでしょうか。必要な場合は相手と対立し喧嘩を

しても、そんなに簡単に関係や家族は壊れないし、結果的にかえって絆を強めるように思います。

虐待防止が子育て不安を高めているか

　子ども虐待に関することは章をあらためて書きますが、虐待防止活動が含む矛盾の1つに触れておきます。

　「泣き声通告」と俗に言いますが、「子どもが泣いているのは虐待されているからかもしれないので、通告してください」というものです。通告された市町村や児童相談所はその子どもを特定する努力をし、特定したら48時間以内に子どもの安全を確認しなければならないとされています。

　ここでみなさんに考えてほしいのですが、「100件の泣き声のうち何件かは被虐待かもしれない。だから通告するべきだ」という考えと、「子どもは泣くのが当たり前で、たぶん虐待されているなんてことはないだろう。だからいちいち通告なんかしない」という考えのどちらが馴染みやすいでしょうか。人間の健康な精神という観点から言えば、たぶん後者のほうがうなずけるのではないかと思います。前者は論理的には正しいのですが、几帳面すぎて、私たちは後者のような「よい加減」さで毎日を過ごしているようなところがあります。もっと言えば、その「よい加減」なところが人間として大切な能力でもあります。

　でも現実に行政から求められているのは前者ですし、虐待防止活動としての対策は前者の正しさを国民に向けて主張しています。そして、この泣き声通告によって救われる子どもが実際にいるので、その方針は引き続き有効とされているのです。

　しかし、次のようなことが副作用として起きているのも事実です。100件のうち1件が被虐待事例であったとしても、残りの99件は濡れ衣です。濡れ衣を着せられた保護者は自分の目には見えない通告者が近所にいることを知り、居心地わるく不安に包まれ、自分の子育て観も揺らいで少なからず影響を受けます。また、「うちの子はよく泣くので、いつ通告されるかとヒヤヒヤしていて、泣く子どもについ厳しくあたってしまうんです」と悩む保護

者もいます。

　これらは虐待防止が子育て不安を高めている側面です。子育てのしかたに自信をなくしたり、周りを気にして不安になっています。保護者が子育ての主導権を世の中にとられることなく、自分たちで安心してしっかりとれることが大切なのにです。

　私は、これについて一般の保護者に向けた講演会で次のように述べています。「虐待防止対策がそのような申し訳ないことになっています。万が一、通告され、自治体の担当者がお宅を訪れたら、子どもが安全なことを積極的に示し、虐待していないことを話したらわかってくれます。担当者に訪問されたら子どもを連れて行かれてしまうと思っている人もいると聞きますが、そんなことはありませんから安心してください。それから、ママ友たちに、ふだんから『うちの子はちょっとしたことで泣くから、虐待と思われるかもしれないのが不安で……』と喋っておいてください。万が一のときに、そのママ友たちに証言を頼めるかもしれませんから」。

　通告によって行政が家庭訪問をし、保護者から子どもを引き離す場合も子どもの状況によってはあり得ます。しかし、家庭訪問は子どもを分離するためではありません。でも、そのような笑えない誤解が保護者の間であるのも事実です。「誤解」は政治家が好む言葉ですが、行政がマスコミを通じて地域住民に届けるメッセージのほうを、より適切なものにすべきでしょう。

（3）いろんな人がいて世の中

未熟な私の心の声

　ゴミ屋敷になっている子どもの家庭に、関係機関総出で大掃除に出かけたことがありました。ご両親はこまめに働く私たちに、腕組みして突っ立ったまま、次はあれを運べ、これを捨てろと指示するだけでした。未熟な私は思わず心の中で「あんたらも動けよ、働けよ、もうちょっとちゃんとしろよ」と毒づきました。もちろん声には出しませんでしたが、顔には出ていたに違

いありません。

　ことはそれだけだったのですが、「らい」の患者さんの治療に一生を捧げた精神科医[*]のことを、あとから思い出しました。「私が『らい』に罹っていたかもしれない。私の前にいる患者は私の代わりに罹ってくれた人だ。この人のために一生懸命になるのは当たり前だ」というようなことを考えておられたらしいのです。たしかに、病気に罹る率はだいたい決まっていて、その病気に罹るかどうかは、いわば運です。「私が罹らなかったら、私の代わりに罹る人はいる」わけです。

　そして、このことは病気に限らず障害でもそうです。何らかの障害を抱えた人は人口の7パーセント前後だといいます。だとしたら、障害者へのサービスだとしていろいろな施策がとられていますが、実はそれはサービスなんかではなく社会の義務です。「障害を抱えていない人の代わりに障害を抱えている」わけですからね。

　私は、毒づいた相手のことを思いました。もしかして私がゴミ屋敷の主人で、子どもを虐待する親だったかもしれません。私の生活は運よく安定していますが、運わるくさまざまなことがうまくいかず不安定だったら、どんな迷惑を周りにかけていたかわかりません。私の代わりにご両親が今そうであると思えば、困難を抱えて大変だとは思いながらも感情的には毒づきたくなるその人たちに対して、もっと前向きな気持ちでかかわることができるのではないかと思ったのです。そう思えたことが未熟な私にとってのわずかな成熟になったかどうかはわかりませんが、少し整理ができた気がしました。

　私の場合はそうだったということですし、これについては私と同じように考えることをお薦めするわけではありません。ただ、いろんな状況のかたにかかわる活動の中では、かかわる私たちも生身の人間としていろいろと心が揺れますし、揺れて当然です。そのときに、自分にフィットするような考え方が何かあったりすると助かるように思います。

---

[*] 神谷美恵子『生きがいについて』みすず書房、1966年

（4）子どもの問題行動の原因

原因は何だ

　いろいろな問題が起きると、「原因は何だ」となるのは自然な流れだと思います。これが「問題」ではなくて「よいこと」だったら「あなたのお陰です」と誰も傷つきません。でも問題はあまりよくないこととしてたいていは起きますから、原因を探ろうとすると、「何がわるかったんだ」「誰がわるいんだ」とどうしてもなりがちです。

　障害をもったことについても、先ほど述べたようにたまたまなのに、今はあまりないかもしれませんが、根拠のまったくない非科学的なひどい偏見を原因にされ、ずいぶん苦しめられた人もいます。自閉症などは脳の不具合なのに、母親の育て方がわるかったからだと、まことしやかに言う人がいたのはつい最近までのことです。

　そういった被害者が世の中にはたくさんいますが、原因論にもち込む考え方は身体医学などがベースになっています。お腹が痛いので病院に行くと検査で胃に穴が開いてるのがわかった、それを治すために薬を飲むか手術を受ける、つまり原因を解消するというのが治療なわけです。

　この考えを、これまで精神的なことが絡む症状や問題行動などにも適用してきました。何が原因でそうなったのかと……。でもそれではうまくいかない、原因を追及するだけではどうもよくならない、と気づく人が出てきました。大体、原因はわからないことばかりです。「わかった、これだ」という人はいますが、本当にそうかどうかわからないこともたくさんあります。原因はあったとしても１つとは限らずそれぞれが複雑に絡んでいたり、原因があったのは過去のことで今からではどうしようもないこともあります。そして、根本的な治療のために原因を追及するほど、その原因にかかわる誰かの元気がなくなるし、何よりも症状が改善しなかったりさらにわるくなることがあるわけです。原因論はそれが役立つ側面や分野で用いたらいいのだと思います。

原因論に頼らないとすると……

　先に述べたように、子どもの犯罪について「親の育て方がわるかったから
だ」という原因論を唱えたとしても、親の育て方は適切だったのに人に危害
を加えたと報道される事件があります。そうなると想定された原因は怪しく
なります。一生懸命育てたつもりでも非行に走る子はいるし、養育力が低く
ても子どもが健全に育つことはあるわけです。だとしたら、非行や少年犯罪
で困っている保護者に対しては、「むずかしい子どもさんをあなたが引き受
けて、頑張って育ててくださってるんですね」と労ったらいいのではないか
と思います。この言い方はべつに子どもを悪者にしているのではありません
し、原因はわからなくても嘘ではありません。世の中には非行少年や犯罪少
年は必ずいますし、そんなふうに思われることで少しでも救われる保護者は
います。このような言い方は決して「おべんちゃら」ではありません。そう
いう視点から見るとそのとおりなのです。

　家族について「よい家族・わるい家族」などと言いますが、そんな区別が
つけられるでしょうか。それは目の前の家族の科学的に見出された特徴によ
る区別ではなく、区別する私たちの側の次のような気持ちを反映しているも
のではないでしょうか。つまり、異常と診断されるような何かのひな型に家
族を押し込めたかったり、またわるい結果の元になっている原因を特定しな
いと落ち着かない自分の気持ちをおさめるためだったり、さらには、自分た
ちの認めることのできる枠から外れた人たちへのいらだちやうっぷんを晴ら
すためだったりです。

　家族はそれぞれさまざまな事情を抱えていて、そのせいでうまくいかない
こともいろいろあります。それを端から見て「あそこはダメな家族だ」なんて
無責任に言えません。その家族の立場に立ったら大変ですし、自分の家族が
うまくいっていることの自負がそう言わせている場合でも、その好調さは自分
たちの努力の甲斐ではなく、たまたま幸運だからかもしれません。ですから、
よその家族を原因論で苦しめるのではなく、うまくいかないことをどう乗り越
えていくかを一緒に考える、支えていくことが重要になろうかと思います。

第 3 章

会話や行動で相手に対応する

　自分や解決すべきものごとについてマイナスの評価をかかえている可能性のある相手の前には、そのマイナス面をことさら意識させるのではなく、少しでもプラスの気分を与えてくれるみなさんがいてくれたほうが、ありがたいのではないか思います。

(1) 聞くこと・話すこと・動くこと

これは控えたほうがいい

この章では「面接」を中心に取り上げますが、ここに書くことには、子ども福祉に限らず福祉全体、対人援助活動全般に通じる部分があるかと思います。

面接については、相手の身になって丁寧に聞いてわかろうとする、そのために質問もして、相手にわかるように伝えるというのが基本です。そして、「相手がみなさんに対して次のようなことを思いそうな対応は控えたほうがいい」ということを知っていると、よりよい面接になると思います。

私の考えるその11項目（相手がみなさんに対して心地好く思わないこと＝みなさんが控えたほうがいいこと）は以下のとおりです。

なお、読んで「そんなことを私たちがすると思っているのか」と腹の立つ項目があるかもしれませんが、確認のためですので許してください。

①忙しそう、不機嫌そう、こっちを見てくれない、聞いてくれない、せかされる。
私（相手）は委員を頼ろうとしているのに委員は私のことに関心がない、相談に乗る気がない、他のことに気をとられているとなると、「もういいです」と帰りたくなります。

②色眼鏡で見ている、たいしたことじゃないととりあってくれない、見下されてそう。
たとえば「最近の若いもんはなっとらん」と端から決めつけられたり、それぐらいのことで相談に来るなとか、あんたがちゃんとしとらんから、と上からの目線で拒絶されるような感じが漂うと、相談に来たことを後悔します。

③伝えたいことがなかなか伝わりにくい、曲解される、先読みをされる。
コミュニケーションはなかなかむずかしいところがあります。「相手の言葉を聞く」というよりは、「相手の言葉を通して相手の思いを聞く」という

ほうが正確です。言葉にするのが上手な人も下手な人もいますし、思いとは反対のことを言う人もいるわけですから、聞くというよりは読むといったほうがいい場合もあります。でもあまり読まれすぎて曲解されると困りますし、先読みされても「そんなことまで言ってないのに」と戸惑うことになります。相手の言うことをどう正確に聞くかはとても大切なことです。「私が聞いたことはこういうことかと思うのですが、これで合ってますか」と確認することも、相手にとってはちゃんと聞いて理解してくれているんだということになるのでお薦めですが、そればかりしてお互いに面接が窮屈になってもいけません。相談の中心となるところや重要なところは確認することをお薦めします。

④尋ねたことに答えてくれない。相談したことがどこかに行ってしまう。

　子どもがお母さんに「いま何時？」と尋ねると、お母さんは「あなた、こんなに遅くからどこに出かけようとしてるの?!」……これを私は「尋ねたことに答えてくれない」例としてよく用いるのですが、子どもは「今10時よ」という答えを待っていたわけですね。お母さんは③で述べた相手の言葉を通して相手の思いを聞いたのかもしれませんが、そのレベルではお見事な読みだった可能性はあります。でもやりとりの論理性（理屈）からはおかしなことになったわけです。読みがあたっていてもいなくても、子どもは不満だったと思います。この論理性は大事です。問われたことに答えているか、何の相談に乗っているのかはいつもチェックしておく必要があります。

　また、たとえば相手が「子どものゲームをうまくやめさせられなくて落ち込んでるんです」と言った場合、ゲームという言葉だけに反応してゲームに関するみなさんの思いばかりが話されたりしたら、やはりそれはやりとりがズレていることになるでしょう。相手が発言したのはゲームをうまくやめさせられない自分のことについてですから、相手の立場に立って聞き取る必要があります。

⑤根掘り葉掘り尋ねられる、無理に言わされる、無断で立ち入られた気分になる。

　事情がわからないと、相談されている内容について考えて応答を用意することができないので、その事情を知りたいのは当然です。しかし、相談には自分の個人的思いをはじめとしてプライバシーにかかわることが含まれるものですし、まだあまり知らない人に自分のプライバシーをさらけ出すことには抵抗があって当然です。ですから、この委員さんには話しても大丈夫だと思える安心・安全な気持ちをもってもらう必要があります。それで、プライバシーは守りますよと伝えたり、心がなごむような雑談をしてから本題に入るような配慮をします。そして、相手が答えやすいことから尋ね、答えにくいかなとちょっとでも想像できるようなことについては、相手の様子を見ながら慎重に問いかけていきます。「喋りたくないことは無理に喋らなくてもいいですよ」と告げる場合もあるでしょう。喋ることが強制されているように感じると口をつぐみ、「自分のなかに土足で入られた」感じを相手はもつものです。

　「お名前は？」「朝ごはんは食べましたか？」など、答えが決まっていたり「はい・いいえ」で答えられる質問を、「閉じた質問」と言います。「どんなご気分ですか？」「どんなご相談かまず話していただけますか？」など、答えが決まっておらず自由に答えられる質問を、「開いた質問」と言います。「離婚されたんですか？」と閉じた質問によって尋ねることにぶしつけな感じがある場合は、「よかったら、ご家族のことについて聞かせていただけますか？」と開いた質問で問いかけることもできます。

⑥頭から否定される、あなたや家族がわるいと責められる、負かされた感がある。

　②と重なりますが、みなさんの価値観が強すぎてこちらの意見の押しつけになると、相手は相談する気をなくしてしまいます。まずはよく相手の言うことを聞いて、こちらの立場ではなく相手の立場に立って理解するように努めてみましょう。

　相手を批判したくなることはよくあるものです。相手を批判し、批判されたことによって相手が自分の間違いに気づき、ものごとが改善することはも

ちろんあります。しかし、批判からは次のような展開が生じやすいことも知っておくと役に立ちます。批判するというのは間違った考えの相手を負かす、つまり自分が勝とうとすることです。でも相手は負けるのが嫌なので勝とうとして言い返します。そしてこちらも言い返して、また相手も言い返す……。つまり「主導権争い」が始まり、話し合いはお互いの主張が対立したまま物別れになりやすいのです。「言い返す」と書きましたが、相手は言い返さずに心の中で反抗し続けることもあるでしょう。

　相手に主導権がとられそうなとき、またとられてしまっているときは、焦りやイライラ、怒りが高じているときです。それをサインとして自分をコントロールすることを練習してみたらいいでしょう。感情が高まっているときはなかなかむずかしいものですが、意識しておくだけでも少しは効果があります。

　そして、いかにして主導権をとり続けるかです。主導権というのは、べつに目に見えてリーダーとして引っ張るということだけを意味しません。「負けるが勝ち」も含めて相手を怒らせず、落ち着いてこちらの目的どおりに面接を終えることも主導権のうちです。つまり、面接の目的はこちらの主張を一方的に相手にわからせることではなく、相手の状況をよりよく理解して終わることで、それを主導できることが重要です。「(相手の)その考えがダメだ」ではなく、たとえば「そうお考えなんですね」と応答できれば、この応答も目的を意識したよい手段となります。

⑦自分のことや自説を聞かされる、説教される。あなたの自慢話は聞きたくない。あなたはそれでうまくいったかもしれないけど、また立派なあなたならそれができるのかもしれないけど、今どうにかしなければならないのは私のことだ。

　⑥⑦⑧は重複したりつながっていることがらです。⑥で相手を批判せずに主導権をとることの重要性を述べましたが、それではどのように助言するのかという課題が出てきます。相手の悩みや困った状況を聞いて、それに助言しようとするときに頼りにしたいのが自分の経験です。同じようなことを経験した、そのときに私はこんなふうに克服したというようなことがあれば、

それを話したくなります。もちろん、その体験談を聞いたことが役に立って相手の状況がよくなることはあり得ます。しかし、ここでもそれではうまくいかない場合を書いておきます。

　こちらに相手と似たような体験があってそれを話したとしても、相手はこう思うかもしれません。「その体験は私が目の前にしていることとまったく同じというわけじゃないから、あてはまらない部分がある」「あなただったからうまくいったかもしれないけど、私なんかがやってもダメだ」「この問題を解決しなければならないのは私。あなたじゃない」。相手はみなさんの話をありがたく伺っているふりをしていても、「あなたの自慢話はそれぐらいにして、私の相談に乗って」と心の中で強く望んでいるかもしれません。

⑧当たり前のことや正論ばかり言われる。正論でうまくいかないから相談に来てるのに。
　「こうすべきだ」「こうもっていくのが正しいやりかただ」というのが正論です。正論には立派な筋道が通っているので、その内容にはなかなか反論しにくいものがあります。ですから相手は聞いておくしかないわけですが、聞いてくれていることをちゃんと受けとめてくれていると誤解し、さらに正論を説き続けるという悪循環にはまってしまうことがあります。その正論どおりに自分はいろんなことができているのかと振り返る謙虚な姿勢が、まずは必要でしょう。そして、相手はおそらくその正論は知っているけれども、そのとおりにいかないから相談に来ているわけです。そこのところから共有しなければ、相談は前に進まないように思います。

　批判せずに、自分の体験談を述べず、正論も吐かずとなると、それではどうすればいいのでしょうか。相手の話をよく聞き、相手の立場に立って一生懸命に考える、という「聞いてもらった」体験だけでずいぶん心がほぐれる人がいます。そして必要に感じたときには、するべきことではなく相手ができることを提案することになるでしょう。これではやはり抽象的すぎるでしょうか。でも、委員はどんな内容の相談にかかわることになるかわかりません。その都度、ライブに相手にかかわっていくときに、「これまでの自分の人生経験とそれによって蓄えている知恵を総動員できる私」を信じ、落ち

着いて見守っていてもらうことが、相手にとってはありがたいのではないかと思うのです。

⑨相談した内容が他の人に漏れていたらどうしよう、親戚や近所に私の家のことを尋ね回られたらと心配だ。

　これは「守秘義務」のことですね。⑤でも触れたように「秘密を守る」ことは相手に伝えるのがいいし、実際に守ることが大切です。秘密云々とはかかわりのないことと認識して喋ったことが、秘密にしなければならないことだったと後から気づくこともあります。何気ないことからちょっと秘密が漏れることによって、大事には至らなくても相手もこちらも不安な思いにかられますから、注意が必要です。

⑩生活に配慮してくれない（朝夕の忙しい時間、食事時、寝る時間、話す場所、声の大きさなど）。

　相手は日常生活を送っています。みなさんも相手と同じ生活人として相手の生活の想像ができますから、その生活の迷惑にならないように面談の時間や場所の調整や設定、訪問などの対応を行うことが大切です。食事の準備に忙しい時間や夜遅くに訪問されたら自分も嫌ですから相手も嫌でしょうし、そのような共有意識や信頼感が委員活動のベースになるのだと思います。

　相談相手とみなさんがばったりと近所で会ったときなどは、その場でどう対応するかも大切です。相談ごとについて話すなら場所を変えるとか、大きな声は出さないとか、そういう配慮が適切になされると、みなさんに対する信頼感は増すでしょう。

⑪何もしてくれない（委員なら私に代わってそれぐらいしてくれてもいいのに）。反対に、何でそんなことまでするの（それは私のすること、要らぬこと）。

　たとえば何かの手続きに関して相談しているときに、その手続きのための書類を相手が自分で用意するのか、こちらが用意して渡すのかも、相手のタイプや事情によって異なるでしょう。打ち合わせなく、たとえばこちらが用意した場合に、相手は喜ぶか要らぬお世話だと不愉快に思うのかはわかりません。事前に話し合って合意、確認しておくのに越したことはありません。

表1　相手が心地好く思わないこと

①忙しそう、不機嫌そう、こっちを見てくれない、聞いてくれない、せかされる。
②色眼鏡で見ている、たいしたことじゃないととりあってくれない、見下されてそう。
③伝えたいことがなかなか伝わりにくい、曲解される、先読みをされる。
④尋ねたことに答えてくれない。相談したことがどこかに行ってしまう。
⑤根掘り葉掘り尋ねられる、無理に言わされる、無断で立ち入られた気分になる。
⑥頭から否定される、あなたや家族がわるいと責められる、負かされた感がある。
⑦自分のことや自説を聞かされる、説教される。あなたの自慢話は聞きたくない。あなたはそれでうまくいったかもしれないけど、また立派なあなたならそれができるのかもしれないけど、今どうにかしなければならないのは私のことだ。
⑧当たり前のことや正論ばかり言われる。正論でうまくいかないから相談に来てるのに。
⑨相談をかけた内容が他の人に漏れていたらどうしよう、親戚や近所に私の家のことを尋ね回られたらと心配だ。
⑩生活に配慮してくれない（朝夕の忙しい時間、食事時、寝る時間、話す場所、声の大きさなど）。
⑪何もしてくれない（委員なら私に代わってそれぐらいしてくれてもよいのに）。反対に何でそんなことまでするの（それは私のすること、要らぬこと）。

以上の11項目を表1にまとめておきます。

「こうしてはいけない」よりも「こうしていこう」

　実は、①から⑪までの項目を「相手が心地好く思わない可能性があるから、やめておいたほうがいい」、つまり「こうしてはいけない」こととして書くことには迷いがありました。

　何でもそうでしょうが、「こうしてはいけない」と自分に言い聞かせながらするものごとは緊張を生みます。ミスのないことを自分に求めるからです。でもミスは誰にでもありますし、完璧な人間を目指すのは無理です。もちろん、それでも頑張らなければならないことはありますが、少なくとも面接ではこちらも相手もお互いにリラックスし、自由な雰囲気で話せることが大切です。

　それから、先に述べたように「こうしてはいけない」ことを「しない」のはむずかしいのです。ふだんの自分を変えるのは簡単ではありません。習慣になっていたりするからです。そして変えようとしても変えられない自分に

がっかりして、そんな私はダメだと思ってしまいます。

　ですから、私も「こうしてはいけない」よりは「こうしていこう」と書いたほうが、前向きな指針として適切だと思いました。しかし、「こうしていこう」と書くには「こうしてはいけない」からだという理由を書かないとわかりにくく、それならどう書いても一緒だということで、「こうしてはいけない」と読者を縛ってしまうのを申し訳ないと思いながらも、上記のように書くことにしました。

　なぜわざわざこんな言い訳を書くかというと、みなさんが相手と面接するときには、「こうしてはいけない」よりは「こうしていこう」のほうを優先してメッセージとして出すほうがいいと思うからです。なぜなら、「こうしてはいけない」メッセージが相手に与えるよくない影響を少なくしたほうがいいというのがその理由の1つです。そして2つめには、こちらが「こうしていこう」というメッセージの内容を考えているときには、こちらの心の中に「あなたの弱い（ダメな・できない）ところを直しなさい」よりは「あなたの強い（よい・できる）ところを伸ばそうよ」という、相手への批判でなく前向きに相手を勇気づけるような気持ちが膨らみやすいように思うからです。説教や単なる無責任な通り一遍の励ましではなく、相手との話の中からその人の実現できそうな具体的な策を一緒に見出していくようなやりとりを通して、少しでも希望や勇気を相手にもってもらえたら、それは面接の成果です。

（2）対応についてさらに付け加える

自分の喋り方や顔つきなど

　自分の喋りを録音して聞いてみると、ふだんの喋りが自分の耳に直接聞こえているのと違うように聞こえることがあります。相手にはその録音のように聞こえているのですね。声色を変えることはできませんが、喋るスピードや声の大きさ、声に表れる気分などが相手とまったく違っていたりすると、

もう少し相手に合っていたほうがその場のリズムとしては居心地がいいかなと感じることもあります。

自分の顔つきなども変えられませんが、表情には変化をつけることができます。相手が自分の表情をどう感じているのるかは言ってもらわないとわかりませんが、いつも睨まれているようで怖いと言われたことがあるとか、そうじゃないかと自分で思っているときには、少し緩めたり笑ったりしてみてはどうでしょうか。

また、相手と話すときには相手の目を見ながらと教えられてきたかもしれませんが、あまりじっと見られたら相手はしんどいものです。でも、相手のことを見ないと、相手は居心地のわるさをきっと感じます。何事も適度にということでしょう。

座り方やクセ、うなずきやあいづち

ふつう、面接は相手と正面で向かい合って行うのではないでしょうか。それでいいのですが、コタツの隣の人との関係のように90度の角度になって面と向かわないようにすると、正面よりは緊張が緩んで楽な人もいます。同じ方向を向いてバスのシートのように座るとより楽だと言われますが、距離の近さは要らぬ誤解を生むかもしれませんね。これらの座り方については、相手にとってもこちらにとってもよりよい空間を作るときの1つの視点です。

自分は気にならないけど相手にはとても気になる……それはクセです。貧乏ゆすりといわれるものや、ノック式ボールペンをカチカチいわせることなどがよく槍玉にあげられますが、気になり始めると気にしないでおくのがむずかしくなります。

うなずきやあいづちは、それをなくしてみた場合に大切さがよくわかります。相手とのコミュニケーションをスムーズにするのになくてはならないものです。だからといってやりすぎると、視線を合わせ続けるのと同様に不快なものになります。何事も「自然に」がいいでしょう。

相手の「よいところ」やものごとの「よい側面」

　短所を直すより長所を伸ばすような、ダメな側面よりもよい側面を見るようなことが、相手に希望と勇気を少しでももってもらうために役立つ、と先に述べました。これについては後でも触れますが、ここでは「悲観的（マイナス）・楽観的（プラス）」ということについて少し書いておきます。

　私は、朝に何か失敗したりうまくいかないことがあると、「よし、今日はいろんなことがうまくいく」と思います。一日のうちに起きるわるいことの総量は決まっていて、朝にわるいことがあると後はよいことばかりだというわけです。これは楽観的ですね。反対に「朝からこうなんだから、今日は最悪な日だ」と沈んでしまうのは悲観的な考え方です。そして、楽観的に思うと「ほら、午後からはうまくいったでしょ」とよかったことに注目してピックアップし、反対に悲観的だと「ホラ、やっぱり今日はダメなんだ」と、よかったことには目もくれず、わるかったことが拾い上げられます。朝の失敗そのものの事実は同じですが、それについての意味づけが違うと次の展開がこのように異なります。

　私たちがものごとを認識するのは、自分の身の周りの事実についての意味づけによってです。先ほどの「朝の失敗」がたとえば「朝バタバタして親から小言をもらった」ことだった場合、「朝バタバタして親から小言をもらった」事実はなく、「朝バタバタしていたときに親に言われたことを『小言をもらった』と意味づけた」ということです。これをもって「世の中には事実があるのではなく、意味づけがあるだけだ」と言っている人もいるぐらいです。

　何か問題を抱えて悩んでいる人は、よくないことが起きていると思っているわけですからマイナスの意味づけをしている場合が多く、それをプラスの方向に意味づけして状況を変えていくことが大切だ、と対人援助分野ではよく言われます。ただ、一方的にプラスの思いに相手を強引に引っ張っていこうとすると、その無理がかえってマイナスに落ち込ませてしまうので、マイナスな気持ちに共感しながらも少しずつ相手と一緒にプラスを確認していくことが必要です。

もっとも、精神的な治療みたいなことまでみなさんにお願いしているのではありません。でも、自分や解決すべきものごとについてマイナスの評価をかかえている可能性のある相手の前には、そのマイナス面をことさら意識させるのではなく、少しでもプラスの気分を与えてくれるみなさんがいてくれたほうが、ありがたいのではないか思います。

ロールプレイ（役割演技）という方法

　面接の"実地訓練"として効果的な「ロールプレイ」について紹介しておきます。もうすでに経験した人もいると思いますが、人前で演技をするなんて気恥ずかしくて最初は敬遠したくなるものですが、素直な気持ちでやってみると、いろいろと気づくことがあってためになります。

　A委員が住民のBさんと面接する場面を題材として取り上げる場合、たとえばC委員がA委員の役をとってBさん役のA委員と面接します。またD委員がA委員役をとってBさん役のE委員と面接し、A委員はそれを見るのもいいでしょう。周りにはF委員、G委員……と複数の委員が囲み、みんなで役を交代したり感想を言い合ったりします。感想は、Bさん役のA委員はどんなことを感じたか、A委員役のC委員はどう思いながら面接していたか、周りで見ていた人はC委員の面接のどんなところがよかったかについてです。

　１つだけ注意事項があります。面接のどんなところがわるかったかについては感想を述べるのを控えましょう。私たちは「わるかったところ」を見つけて指摘するのは上手です。でも、面接のそこが本当にわるかったかどうかの判断はむずかしいし、批判は相手を頑なにします。また、せっかく頑張ってロールプレイしたのに損をした気持ちになります。ですから、誰にとってもむずかしい「反省して改める」ことより「ほめられて、よいところを伸ばす」ほうを採用しましょう。まさに、「こうしてはいけない」ではなく「こうしていこうよ」です。自分の短所については人から指摘されなくても、自分のなかで改めたいと密かに思っているものです。また、この面接（者）のよいところを探すのは、その探すみなさんがその後現場で面接することにな

る相手のいいところを探す訓練にもなっています。

　でも、「わるかったところ」を指摘しないのはむずかしいことです。繰り返しますが、私たちは相手を批判するのが上手だからです。そんなときは、このロールプレイの場のリーダー（委員、あるいは行政の担当者）を決めて、リーダーが「コメントはその人の面接のよかったところに限る」ように場を仕切ることをお薦めします。

　ロールプレイの意味と効果についてですが、その人ではないけれどその人のつもりになるとこう感じるよということが、実感できることです。その人の身になってみて、またその人の身になってみた人の感想を聞いて、相手の心情への想像をひろげ、そんなふうに感じているかもしれないなら、自分の面接のしかたをこんなふうに工夫してみようかと検討できるのです。わからずやの相手だと思っていた相手が、実はこちらの発言に対して反発していたのかもしれないとロールプレイを通して気づき、次の面接ではよい雰囲気で交流できたとしたらお得です。

研修会での質問のいくつか

　先に述べた委員の基礎研修会であった、「住民への対応」に関する質問（Q）のいくつかと、そこでの私の回答（A）です。

Q1.　「前期高齢者」になられたかたの世帯訪問で、年寄り扱いされることへの嫌悪感を露骨に表され、心が折れる思いでしたが、どう対応したらよかったでしょうか。

A1.　「前期高齢者になられたから」ではなく「65歳になられたから」という言い方に徹したら、少しは受ける感じが違うでしょうか。「後期高齢者」とは評価による命名ですが、「65歳」は事実です。

Q2.　地域の情報は具体的にどのようにして集めたらいいのでしょうか

A2.　活動マニュアルにどのように記されているのか確かめてください。プライバシーの問題があるので、児童相談所職員は地域の一般住民のか

たに特定のお宅のことについて尋ねたりはしません。「あなたの家庭のことを尋ねておられたよ」と伝わったり、「私にあのお宅のことを尋ねるということは、私の家のことも誰かに尋ねられているかも」と思われるのは、望ましいことではありません。情報の集め方については行政の担当のかたと協議することをお勧めします。

Q3. ひきこもりのかたについての情報収集を素人の委員がすることに抵抗があります。当事者にとっては触れられたくないことでしょう。

A3. 「当事者にとっては触れられたくない」場合もあるでしょうし、抵抗はあったとしても今の家の中だけに閉じた状況から少しでも外に開かれてほしい当事者もいるかもしれません。ですから、一般論ではなくそのお宅の個別論として、「どんなお宅か、どうなっているか、どうアプローチするか」などを行政の担当者と協議してはどうでしょうか。

Q4. 活動すべきことがいろいろとあると思いますが、このコロナ禍で家庭訪問ができません。何に気を配り、何をしたらいいのか、ヒントだけでもください。

A4. 家庭訪問は手段であって目的ではありません。委員として訪問したいお宅とまず何かつながりをもちたいというのが目的なら、電話や手紙、その他の手段をとることが一般的には考えられます。

Q5. 訪問した際にそれをうるさがる人への対応はどうしたらいいでしょうか。

A5. 自分が訪問される立場に立ってみたら、うるさいというのは理解できますよね。だとしたら、「たしかにうるさいですよね」と共感するところから入ったらいいと思います。「でも委員になったらこんなこともしなくちゃならなくて」と今度はこちらへの共感を要請したくなりますが、押しつけてはいけません。しかし、「委員さんもたいへんね」ぐらい言ってもらうために、低姿勢で「私がお願いしてるんじゃなくて、行政から言ってきてて」と行政のせいにする場合もあっていいと思います。いずれにしろ、「うるさい」という声に刺激されて相手に主導権をとられて言い返し、主導権争いになっても何もよいことはありません。

Q6. 話が長くなってしまう人の場合、話をどのように切り上げたらいいのでしょうか。

A6. 話に入る前に時間を決めておくとか、委員の次の用事の時刻を告げておくとかがベストでしょう。そのような前提なしに話に入っていた場合は、話の内容にもよりますが、正直にこちらの予定や考えを伝えたり、続きの話を聞く日時を決めたりしてはいかがでしょうか。文句に対しては「最初に時間の打ち合わせをすべきだったのに、ごめんなさい」と謝るのが得策でしょう。

Q7. 訪問時に「今日は何の用か」とか「生活保護の案内か」と不機嫌に言われたときには、どう答えたらいいでしょうか。

A7. 「元気にしておられるかと思って」というのが、私が最初に思いついたフレーズですが、何でもいいでしょう。相手は反発はしていても、訪問されないと「見捨てられたのか？」と気にする人かもしれません。人づきあいが不器用な人の気になる言葉は、あまり真に受けないほうがいい場合もあるでしょう。

第4章

子ども家庭への接近

　街の人から笑顔で声をかけられるだけでも、転入してきたばかりで不案内のことが多く不安な人、抱える事情によって何か負い目を感じてしまっている人、子育てに不安を感じている若いお父さんお母さんたちは、とくに安心することでしょう。

（1）子どもと家族を理解する

子どもと家族に関する委員の役割

　委員活動において、各家庭と接触をもつことは中心的なことがらですが、その家庭の事情や抱える課題に踏み込んでいくようなことはあまりないと思います。でも、子どもの虐待や地域で気になる子どもや家族について検討したり、その検討の場で合意されたことを実行する役割を負うことも、主任児童委員やその他の一部の委員にはあり得るでしょう。

　この章では、活動の対象になる子ども家庭についてどのように理解し、その理解にもとづいてどうかかわっていくのかについて述べます。とは言っても、前章まで述べてきたのもまさにそれに関連することがらです。そこに上積みするつもりで読んでいただければと思います。実際には家族に踏み込むことはないかもしれないみなさんにも、参考にしていただけたら幸いです。また、家族にどうかかわるのかについては100の家族に対して100通りです。そして、みなさんが具体的な事例にかかわるときにはその各論について協議がなされると思いますから、ここでの記述は総論になることをお断りしておきます。

　さらに、個々の子ども像についての理解と子どもへのかかわりについては、障害に関することを除いて述べていません。もちろん、行政機関や学校等においては個々の子どもの特徴にもとづいて対応する部分もあるのですが、委員は子どもの日常生活でかかわることになりますから、地域の子どもとして"ふつう"に（他の子どもたちに接するのと同様な姿勢で）接するのがいいと思うからです。たとえば一般的に子どもが不登校であったとしても、その他のことについてはふつうの子どもですから、ふつうの子どもとしての経験や成長が保障されてほしいと思います。

　さて、子ども家庭を理解するにあたって、このような家族ではないかという仮説を立てる作業を行うことを以下で提案しますが、私はこの作業を1人で行うことを想定していません。"3人寄れば文殊の知恵"です。複数で、

チームで検討することが必要です。

　私が思い浮かべる場面の１つは、担当する子ども家庭について行政担当者と一緒に検討する場です。２つめは、要対協の個別ケース検討会議に参加した場合です。そこでは、他の協議会委員と一緒に検討に取り組みます。

事例は家族のことを含めて総合的に検討しよう

　まず、子どもの事例の検討にどのような姿勢で臨みたいと私が考えているのかを、表２の概要にまとめました。その内容を説明することから始めます。

表２　事例をどう理解するか

たとえば「発達障害」や「愛着障害」と診断されている子どもたちは、ある部分的な特徴が一致しているというだけで、その他のこと（発達状況、人格、家庭背景など）はそれぞれ異なる。個別にその子にあった対応をするためには、診断名だけでその子のことを判断せず、さまざまな要因を総合的に検討しなければならない。同様に、「精神障害を抱えた保護者」に対しても何か一律のかかわり方があるわけではない。
[提案] 主訴（症状、問題行動、問題状況）が何であっても、子どもに障害があろうとなかろうと、診断名が何であっても、家族に問題があるように見えても見えなくても、事例をひとまとまりとしてみて仮説を立てる（ジェノグラム〔家系図〕を描いて考える）。そして、取り組みへの芽を探る。それらの作業をチームで行う。
[方法] 支援のために仮説（見立て、理解、アセスメント）を立てる。つまり、「どうかかわるのか」を考えるために、「どうなっているのか」「何が起きているのか」、その可能性を目一杯に想像する。子どもや保護者などの個人的特徴については、その特徴によってどのような人間関係が生まれやすいか、想定された人間関係のなかではその特徴がどのように行動に反映するのかという視点で取り扱う。仮説を立てるときには、「人はこういう条件があればこう動くもの」という視点と、「しかし、人はどう動くかわからない」という視点の両方を大切にする。したがって、家族に起きていることの表面的な事象ばかりにとらわれず背景を想像するが、決して決めつけない。仮説がそのとおりかどうかをたしかめたり、それにもとづいて処遇を進めるなかで、ズレたりうまくいかない部分があれば立てた仮説を再検討し修正する。これらの家族に対する「想像力」の駆使と、それを「決めつけ」ずに修正していく柔軟さの双方が、家族に対する思いやりだ。また、家族の１人ひとりはつながっているので、不適切だと思われるようなかかわりもそういうつながりのなかでできあがる。誰か悪者を探すという姿勢は妥当ではない場合が多いようだ。世の中から思わされている家族についての硬直した「常識」から自由になり、その家族の中に必ずあるよい側面も平等にみる姿勢が必要だ。さらに、仮説を立てるときには、検討する人たちの人生経験や常識が

意味をもつ。また、1人で眉間に皺を寄せての検討では思考や発言が不自由になる。支援者自身の「生身性」（支援者も機械ではなく人間であること）にも配慮しながら、自由な検討の場を準備することが重要だ。

［意義］症状や問題行動を出している人とケアが必要な人が異なる場合もかなりある。したがって、ケアが必要な人を見つけるためにも家族に関する情報を集め、その家族の全体がどうなっているのかをみていく必要がある。そうすることで支援の的を協議するための材料が与えられ、協議によって次のかかわりが示唆される。そして、それがかかわる側に落ち着きを与える。

障害や診断名は問題行動の原因まで示していない

　たとえば「発達障害（自閉症スペクトラム〔ASD〕・注意集中多動性障害〔ADHD〕・学習障害〔LD〕）」や「愛着障害」と診断されている子どもたちがいます。その子どもたちのことで何か問題が指摘されているときには、その障害だけが原因だと捉えられてしまうことがあります。逆に、障害はなく家庭養育に問題が認められるときにはその家庭環境だけが原因だと、振り子が両極に振られるように認識されがちです。これには、何か原因が特定されないと落ち着かない私たちの心情も影響しているように思います。

　発達障害や愛着障害の子どもへの接し方などが語られることがありますが、それはそのような診断名に共通する症状への一般的な接し方という点では参考になります。しかし、同じく発達障害と診断されている場合でも1人ひとりが異なるのは当たり前です。同じ障害名でもその内容はバラエティがありますし、性格も違えば育ってきた歴史や環境も異なります。もし発達障害だけが原因なら、発達障害の子どもはかなりの確率でその問題行動を示すことになりますが、そんなことはありません。また、家庭環境に問題があっても症状や問題行動を示さずに過ごしている子どももたくさんいるのです。私の勝手な感触ですが、障害のある場合のほうが環境の影響を受けやすく、障害のない子どもは環境を跳ね返せる部分があるので影響を受けにくい感じさえあります。ですから、その子どもに障害があるかないかだけではなく、家庭環境がどうかだけでもなく、1人ひとりについてさまざまな側面から検討する必要があるわけです。

また、子どもの保護者に関して、「精神障害のある保護者への接し方」を求める向きもありますが、これも上記の子どもの場合と一緒です。「一般的な精神障害者」なんていません。その精神障害名が表す特徴を一部にもっている唯一無二の○○さんがいるわけですから、○○さんへの接し方についての検討をしなければなりません。

＊　＊　＊　＊　＊　＊　＊　＊　＊　＊　＊　＊

子ども家庭例4〜集団適応できない子の居場所

　勇太は落ち着きがなく、自分の思い通りにならないと暴れる子どもでした。保育園でもうまくいかず、小学校でも教室に入れずに加配の先生がつきっきりでした。家庭はさまざまな要因で落ち着いた環境ではなく、特徴のある勇太を余裕をもってしつけながら育てるには程遠い状況でした。

　勇太は子どもの入所施設に入ることになり、その後も異なる施設や病院にも移らなければならないほど、集団への適応が困難な状態でした。

　小6になって次の施設へ移ることになりました。しかし、勇太はそれをはじめて拒否しました。結局、在宅にならざるを得ず、関係者は困りました。ところが、勇太は家でだんだん落ち着いていったのです。家族の状況も少しよい方向に変化していたこともありました。登校はしませんが、先生が家庭訪問などでとても温かく接してくださいました。そして、そのまま地域で支援していくことになりました。

　勇太はもって生まれた障害によって行動に支障をきたし、その支障のある行動は周囲から修正を求められました。「ダメ」と言われそれに対抗してさらに咎められ、勇太にとっての自由の場は狭まり自己評価は下がりました。また家で暮らすことができず生活の場を代えられるたびに、どこにも落ち着くことができずにほかにやられる自分は「要らない子」であることを突きつけられました。そんな勇太は、自分の行動を落ち着かせる神経系の発達とともに、ずっと居ることのできる家をやっと手に入れたのです。

＊　＊　＊　＊　＊　＊　＊　＊　＊　＊　＊　＊

愛着障害に関連して

　愛着障害とは、養育する人との愛着が十分に得られなかったことを理由に、対人関係や社会適応がうまくいかないのだと想定される子どもの状態を指しています。

　医師は、子どもの状態が診断分類のどれに該当するかを慎重に検討します。明らかにこれと診断できる場合はいいでしょうが、近接した診断名同士の違いは微妙な場合があるので、悩むことになります（診断名が異なれば治療法や指導法が異なるので、診断行為は重要です）。

　ある医師は、受診した子どものお母さんが精神的に不調だった時期があるという根拠にやっとたどり着き、「愛着障害」の診断を下しました。ところが地域の関係者による事例検討会議で「愛着障害」の診断名が報告された途端に、お母さんは養育不適格者として扱われ始めました。それだけ医師の診断が決定的なものとして捉えられたのです。不適格であることが決まれば、日常のエピソードからその証拠は見つかります。「あるはずだ、見つけよう」となるからです。実際は適格である証拠もいっぱいあるのに、それは無視されてしまいました。「あるはずがない、だってそういう診断が出ているのだから」です。

　子どもの問題状況が続けば、お母さんが精神的に不調になることぐらい許してもらえないでしょうか。そんなお母さんでも、ふつうのお母さんの1人として見てもらえないでしょうか。

　このエピソードによって医師のことをわるく言っているのではありません。この診断は医師の責任にもとづいた正当なものです。考えさせられたのは、診断名を受け取る側の責任についてでした。

家族の問題のあるなしとジェノグラム（家系図）

　表2の［提案］部分ですが、「主訴（症状、問題行動、問題状況）が何であっても、子どもに障害があろうとなかろうと、診断名が何であっても、家族に問題があるように見えても見えなくても、事例をひとまとまりとしてみて仮

説を立てる（ジェノグラム〔家系図〕を描いて考える）。そして、取り組みへの芽を探る。それらの作業をチームで行う」と書きました。

「子どもに障害があろうとなかろうと」「診断名が何であっても」についてはすでに述べたとおりです。「家族に問題があるように見えても見えなくても」というのは、"ふつう"の家族みたいに見えたら「問題ない＝よい家族」、特徴的なエピソードがあったら「問題がある＝わるい家族」と、印象だけで家族のことを決めてしまう傾向が私たちにあるからです。でもそれが妥当でないことは第2章で述べました。家族としてうまく対応できていないことがあるか、あるとしたら家族のどんな特徴によるのかなどを、きちんと見ていく必要があります。

ジェノグラム（家系図）の描き方は、図1のとおりです。この例はこういうふうにみんなが描くとお互いにわかりやすいというもので、実際は見てわかればそれでいいと思ってください。みなさんも、たとえば「父・45歳・会社員、母・43歳・在宅主婦、長男……」と資料に書いてあった場合、それをこのジェノグラムという図に描き直してみることをお薦めします。字を読むのと絵を見るのとでは脳の働きが異なると言われます。ジェノグラムを

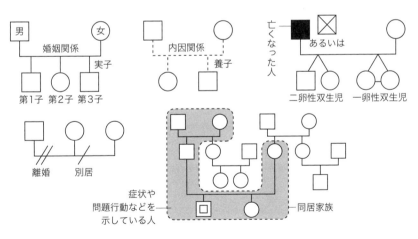

図1　ジェノグラムの描き方の代表例

川畑隆編「子ども・家族支援に役立つアセスメントの技とコツ」2015 明石書店 pp.164 より

見て家族のことについていろいろと思い巡らせるのですが、そのときに私たちの脳の働きを促進させるこのジェノグラムが適しています。

家族への思いやり

　検討の［方法］ですが、支援のために事例を一まとまりとして見て、子どもや家族にどんなことが起きているのかについての仮説（＝見立て＝理解＝アセスメント）を立てます。つまり、「どうかかわるのか」を考えるために、「どうなっているのか」「何が起きているのか」、その可能性を目一杯に想像するわけです。そして、すでに述べたように、この作業を他の人たちと一緒に行ってください。

　子どもや保護者など家族の個人的特徴（性格や行動特徴、障害や病気など）については、その特徴によってどんな人間関係が生まれやすいか、そのような人間関係にはその特徴がどのように影響を与えているのかという視点で取り扱います。

　仮説はもちろん真実ではありません。「こう考えてみよう」という提案です。ちなみに、真説（真実）は神様にしかわからないと私は考えていますから、かかわりの方針を立てるためにはその設計図である仮説を用意しなければなりません。そしてその仮説によってものごとがうまくいけば仮説は役に立ったことになりますから、役に立ったらそれでいいじゃないかという考え方です。

　仮説を立てるときには、「人はこういう条件があればこう動くもの」という視点と、「しかし、人はどう動くかわからない」という視点の両方を大切にします。たとえば父親が亡くなったとすると、一般的に経済的なことも含めて母親に子育ての負担が大きくかかります。それは母親がいくらたくましい人であってもです。これは前者の法則みたいなものです。でも、反対に父親から解放されて子育ても楽になるかもしれませんし、後者のようにそれは事情によったり、法則にはもとづかない動きにもなり得ます。したがって、家族に起きていることの表面のできごとばかりにとらわれず、その背後にどのような事情や思いや動きがあるのかとその可能性を想像するわけですが、

決して決めつけません。そしてその後、この立てた仮説にもとづいて実際のかかわりを進めるなかでズレたりうまくいかない部分があれば、立てた仮説が不適切だった可能性がありますから、その仮説を再検討し修正することになります。つまり、事例へのかかわりはこの仮説とその修正を繰り返しながら進められていきます。

これらの家族に対する「想像力」の駆使と、それで「決めつけ」ずに修正していく柔軟さの両方が、家族に対する思いやりです。

悪者を作らない円環論という考え方

たとえば「お母さんが息子に優しく接していないから、子どもの問題行動の原因はお母さんだ」というような、「原因は何だ」という考え方についてすでに述べました。そしてそれがお母さんを悪者にして苦しめてきた可能性についてもです。仮にお母さんが悪者だったとして、お母さんがそうなった原因は何でしょう。お父さんが家庭を省みないからお母さんが苛立っているんだということになると、真の悪者はお父さんでしょうか。でもお父さんは本当に会社が忙しく、その疲れもあって扱いにくい息子を避けたい気持ちになっているのだとしたら、原因は会社や息子になります。でも、会社のことは横においておくとして、息子はお父さんがお母さんを助けないことに怒っていてお父さんに扱いにくくさせているのなら、息子のことも責められません。そして、自分の問題行動に振り回されて疲れ切っているお母さんへの苛立ちも息子にあれば、やっぱりそんなお母さんがいけないのでしょうか。でも……。原因とそれによる結果がバトンタッチしてグルグル回っているかのようで、どれが一番最初の元になる原因かわかりません。

このように、一番元になる原因を特定しようとしても無理だし、原因すなわち悪者にされる人を作っても、その人は反省するどころか、「私をそうさせているのはあの人だ」と真犯人を指名したい気持ちに追い込むだけですから、そんな有害な原因論はやめにしましょうよというのが円環論です。原因と結果をつないで図示していくと、最初の原因は最後の結果を原因として生じている結果になって、すべての原因と結果は大きな1つの円になって閉

じるので、円環論という名前です。

　円環論は悪者を作らず、ただそういう人間関係の流れになっていますねということを示すだけです。そして、これでうまくいっているのならよい円環だけど、うまくいっていないのなら円環のどこかを切って違う流れを作りましょうよという理屈になってきます。「この場面でお父さんが言い返すと、それが原因になってお母さんの結果を誘うから、そこでは言い返さないとか、違うことを言う」などの工夫ができるというわけです。

＊　＊　＊　＊　＊　＊　＊　＊　＊　＊　＊　＊

子ども家庭例5 ～不登校をめぐる朝の風景

　お父さんは今日は珍しく午後から勤務です。いつもは電車に揺られている時間に布団のなかから玄関の様子をうかがうと、中2の康太が制服のまま腹痛を訴えています。お母さんは「そうなの。今日は大丈夫かなと思ってたけど、やっぱり痛くなっちゃったね。じゃあ、しょうがないから今日も学校休む？」と対応しています。お父さんは「おいおい、甘いんじゃないか。もっと強く押し出さないと」と思いますが、お母さんにストレートにそう伝えると反発をくらうのが目に見えています。お父さんは起き出して、自分の母親であるお祖母ちゃんの部屋をノックして尋ねました。「お祖母ちゃん、聞いてた？　いつもあんな感じ？」。お祖母ちゃんは「そうだよ。でもまあ、康太はあんたたちの子だからね……」。お父さんはお母さんにできるだけ穏やかに「ちょっと聞いてたけどさあ、もうちょっと康太のこと厳しくしてもいいんじゃないかなあ」と話しかけました。お母さんは「じゃあ、あなたが言ってよ。私も最初はさぼりじゃないかと思ってきつく言ってたのよ。でも言うこときかないし、お腹が痛いって言われたら休ませるしかないでしょ。私にばっかり押しつけないでよ。私はお祖母ちゃんの面倒もみなきゃならないし、あなたは仕事や接待、おつき合いだのと言ってばっかり」とだんだんエスカレートしてきます。お父さんは不満ながら黙るしかありません。2階で階下の不穏な空気に耳を傾けていた康太は、先ほどからおさまっていた腹痛がぶり返してきました。

お母さんから康太の不登校について相談を受けた私は、「次からご両親お2人でおいでください」と伝えました。「康太の腹痛→母の康太への対応→父の母への対応→父母間のやりとり→康太の腹痛」という円環を想定した私は、ご両親の康太くんへの対応の協力という新しい要素を入れることによって、これまでと異なる円環の動きを企んだのです。

＊　＊　＊　＊　＊　＊　＊　＊　＊　＊　＊　＊　＊

アセスメントとはよい（強い）ところも見ること

　アセスメントという言葉を耳にします。「環境アセスメント」もそうです。「査定する」という意味ですが、対人援助分野では医療分野の用語を借りて、これまで「診断」という言葉をよく使いました。この「診断」はわるいところを査定するという意味ですが、わるいところもよいところも査定するという意味の「アセスメント」を、最近ではよく使うようになりました。人を援助するには、その人のよい（強い）ところを伸ばしていくという発想は大切なことですから、この変化は当然だと言えます。先に、夫婦喧嘩や離婚のよい面や、家族のよい・わるいの仕分けへの疑問などについて述べたのも、また因果論で悪者を作るのではなく円環論で見ていこうというのも、この路線での考えです。

＊　＊　＊　＊　＊　＊　＊　＊　＊　＊　＊　＊

子ども家庭例6 ～デメリットを上回るメリット

　最初の夫と離婚したお母さんは、その元夫との子であるA子を施設に入れて働きました。2番目の夫とも離婚したお母さんは同様にその元夫との子であるB子とC子を施設に入所させました。現在、A子とB子は施設を退所し、2人で同じアパートに住みながら大学に通っています。C子はまだ入所中ですが、高校卒業と同時に退所する見通しです。最初の夫も2番目の夫もお母さんにDV（Domestic Violence 配偶者間暴力）をはたらき、その暴力は子どもたちへも向かっていたようです。今はC子だけですが、お

母さんは、施設入所中の子どもたちに会いによく訪れていたようです。そのお母さんが、子どもたちの生い立ちについて本人たちにあまりにあからさまに話すことを、施設職員は危惧していました。でも、子どもたちはその影響を大きく受けているようには見えませんでした。

　この事例について関係者で話し合ったのですが、妻子への暴力、2度の離婚、施設入所……よい評判は立ちにくい家族です。しかし、姉2人もC子も健全によく育っているとのことでした。もちろん本人たちの資質もあり、施設の職員も学校の先生も頑張ってくれたからでしょう。でも、お母さんの力量も大きかったんじゃないかと関係者は思い至りました。

　暴力をふるう父親を離婚によって子どもたちから引き離しました。そして子どもたちの負担を考え、母子だけでの生活にならないために施設の環境を与え、自分は足しげく施設に通って関係を維持しています。また、子どもたちが背負ってきたものを曖昧にせずに伝え、そのうえでの頑張りを後押ししたのかもしれません。「引き離す」「明確にする」ということを通してお母さんは子どもたちを守り育てたのではないか、デメリットを上回るようなメリットを施設や学校の協力を得ながら子どもたちと作ってきたのではないか、と思えたのです。

* * * * * * * * * * * * *

検討する私たちも生身の人間

　対人援助活動の対象になる人たちも私たちも、同じように家庭や社会の経験を積んできていますし、その中でいろんな常識と言われれるものや知恵を身に付けています。ですから、仮説を検討するときには、それらの共通の認識や価値観、生身の人間としての率直な感覚などを頼りにすることで、現実からあまり乖離しない内容の話し合いができるのではないかと思います。自分の考え方を総動員して話し合いに参加してほしいと思います。

　その参加する話し合いの場ですが、どんなことでも発言できる自由が守られていないと有益な話し合いにはなりません。発言内容などがチェックされ

たり、少数の大声の人の意見に支配されたり、発言が後を引いたりすることなどは改善するべき問題です。検討の対象となる子ども家族についての守秘義務が重要なだけでなく、話し合いの参加者もフェアに扱われる必要があります。

このような検討の意義

　母親が自殺しないか心配で、学校に行かずに見張っていた中学生のことは書きました。その子が不登校だからといって、定型句のようによく言われる「登校刺激（登校するように仕向けるための周囲の言動）をせずに見守ってあげる」としたら、一体何をしていることになるのでしょうか。ケアすべき対象はお母さんでしょう。

　このように、症状や問題行動の見られる人とケアが必要な人が異なる場合があります。つまり、問題行動の見られる人が問題であるとは限りません。ジェノグラムを描き家族全体を見まわすことによって、できるだけこのような対応のズレを来たさないようにすることは可能ですし、それがこの検討方法の１つの大きな意義です。

　また、子どもの場合、「どう育てるのか」というテーマがいつもそこにあります。たとえば何らかの非行が問題とされているとして、その子どもが警察官に警告されておとなしくなったからそれでいいかというと、そうとは言い切れません。非行に走ることで表されているその子の生きにくさが改善されていないのであれば、改善する必要があります。

　長い人生をこれから生きていく子どもたちは、その年齢ごとに生きる力を蓄えていかなければなりません。したがって、その子どもを健全に育てるべき環境に問題があるとしたら、それを改善する方向で大人が力を出すのが子ども福祉です。そのためにも、ジェノグラムを描き環境の質を検討して対策を考えるわけです。家族のジェノグラムの周りに関係者の存在も図示すると、地域としてのかかわりを探るのに役立ちます。

　そして、このような事例の検討によって支援の的が探られ、次のかかわりが示唆されます。それが委員を含めたかかわる人たちに落ち着きを与えます。

関係者も生身の人間であることは繰り返し述べていますが、生身だからこそ軽視できないその人たちの精神保健のためにも、この検討の場は役立っています。

（2）子ども家庭へのかかわりを考えるために

子どもの症状や問題行動の仕組み

　家族にはそれぞれの特徴があり、特徴のない家族はないでしょう。そして、その特徴が子どもの症状や問題行動に直結しているように見えることもあれば、どこの家庭にもあるものの場合もあります。問題行動にはいろいろな要素が絡んでいるとしたら、子どもや家族だけに原因を求めることはやめにして、現在の家族の特徴を参考にしながら、家族の力で状況をどう改善していってもらうかを考えるのがいいと私は考えています。

　私が児童相談所で出会った不登校の子どもたちのことを例にとると、友だちからいじめられた、勉強が嫌いだ、学校に居場所がないなど、子どもが登校しなくなるきっかけや原因はいろいろあります。そして不登校が始まりその後も続くと、不登校状態は継続、すなわち維持されていることになります。「子どもが不登校なんですが、どうしたらいいでしょうか？」という相談は、症状が維持されているこの時点でなされることがほとんどです。そして家族と面接し家族の特徴を把握することになるわけです。

　そこで把握した特徴と不登校が維持されていることとの何らかのつながりが想像されたら、その特徴が少しずつでも変化するような方法を考えます。つまり、不登校のきっかけや原因ではなく、不登校を維持している可能性のある要因を扱うわけです。

＊　＊　＊　＊　＊　＊　＊　＊　＊　＊　＊　＊　＊

子ども家庭例7〜不登校が恐い

　中1の恵美さんの家族は、子どもの前で子どもが不登校であるという事実を述べることができませんでした。恵美さんの不登校を話題にすることをとても恐がり、家族全体が身動きをとれなくなっていたのです。もし、そのような敏感すぎる特徴が家族にもともとあったとしたら、ちょっとしたことが行動を左右するわけですから、もしかしたら不登校の原因の1つだったのかもしれません。でも、それまで目立たなかった特徴が不登校をきっかけに膨らんで表れてきたことも考えられます。たとえば、あまり家族に心配をかけないで育つことのできた子どもの場合、親も子も心配事への対応の経験を欠いてきた可能性があります。そして、聞いて知ってはいたけれど、うちの家族とは無関係だと思っていたあの「不登校」という大きな心配事にいきなり直面し、狼狽しているのかもしれません。

　「心配で解決したいこと」を家族の前でちゃんと打ち明けることが、家族そろっての面接場面での第一の課題でした。それから、その課題の1つひとつについて家族で話し合って策を考えていくことを繰り返すなかで、恵美さんの不登校も解決に向かうことができました。

＊　＊　＊　＊　＊　＊　＊　＊　＊　＊　＊　＊

　このように子どもの症状や問題行動は本人と家族に影響します。子どもと家族がお互いに影響し影響されながら、みんながどうしていいかわからず混乱していきます。そうなると自分たちだけで立て直すのはむずかしくなり、第三者への相談という道が選ばれることになります。相談された側は、不登校という症状への対応だけでなく、子どもの健全育成のために子どもと子どもが育つ場への援助をどう行っていくのかも、視野に入れることになります。

家族を見るときの視点

　家族をみるときの視点はいくつもあります。「この点についてこの家族はどうか」と点検を入れるような項目です。

決して機械的にチェックができるようなことではないのですが、知っておくと事例の諸情報から家族像を描いてみるときに役に立ちます。たくさんあるうちのいくつかを紹介します。

①人と人との間の線引き（境界）

　人と人はいくら仲良しでも一心同体ではありません。親しくてもお互いに立ち入れない領域があります。つまり線引き（境界）です。この個人間の境界に無断で立ち入るのが虐待、DV、いじめ、さまざまなハラスメントです。子ども家庭には、子ども・両親・祖父母のそれぞれの世代間の境界があります。世代間ではもちろん一緒に仲良く過ごしたらいいのですが、必要なときには線引きが求められます。子どもの年齢に応じて子どもの世界のことに立ち入るのを両親はコントロールしなければなりませんし、両親の家計のやりくりの相談に子どもは口をはさんではいけません。祖父母は両親の子育てへの干渉はほどほどのほうがいいですし、両親は祖父母にお金をねだってばかりではダメでしょう。また、家と家との境界も大切です。帰宅したら隣の家のおじさんが1人でコタツに入っていたりしたら、やはりそれはまずいですよね。どんな家族がよい家族かわるい家族かはわからないと述べました。ですから、どんな家族にならなければならないかはわかりません。でも、子どもを健全に育てるにはこんな要素が家庭には必要だと述べた外国の学者がいます。それは次の3要素です。①世代間境界が適切に引かれていること。②子育てに関して両親が十分に協力できること。③その子育てにおいて両親が子どもにパワーを発揮できること。③については、たとえば子どもが崖に近いところで遊んでいるときに力づくで安全なところに移すとか、「ダメなものはダメだ」と突っぱねて従わせるようなことを示します。この外国の学者の意向まで覚えていませんが、この3要素がないと子どもはうまく育たないということではありません。子どもの症状や問題行動に出合ったとき、3要素を思い浮かべて点検すれば改善の筋道が見えるかもしれないというぐらいに、心にとめておけばいいのではないでしょうか。

＊　＊　＊　＊　＊　＊　＊　＊　＊　＊　＊　＊

子ども家庭例8〜お母さん1人で“革命”は無理

　4歳の祐一は、両親、父方のおばあさん、曾おばあさんとの5人家族でした。祐一はある発作を止める薬を飲まなければならなかったのですが、お母さんは飲ませることができませんでした。なぜなら、その発作があまり目立たないこともあって、両おばあさんが強い薬を飲ませることに反対だったのです。もちろん、お母さんはお父さんにも相談しましたが、お父さんも祐一の発作をあまり見たことがなく、おばあさんたちの意見に反対するまでには至りませんでした。

　お母さんは主治医から薬を飲ませるように言われ、家族からは反対されて板挟みになっていたのです。この家の実権はなにごとにおいても両おばあさんの手にありました。その両おばあさんの意向に反して、それも夫の援軍もなく薬を飲ませるのは、お母さんにとっては至難の業で、革命を起こすことに他なりませんでした。

　そういった事情がわかり、相談の場にお母さんと一緒にお父さんにも来てもらいました。主治医から直接話を聞いたお父さんは、祐一に薬を飲ませる必要性について納得しました。そして、お父さんから両おばあさんを説得してもらうことになりました。お母さんから聞いた報告では、お父さんが丁寧に両おばあさんに話したところ、「あんたらが親だから任せる」と言ってくれたということでした。

＊　＊　＊　＊　＊　＊　＊　＊　＊　＊　＊　＊

②三角関係

　三角関係といえば男女関係を想定しがちですが、ここでは広く人間関係についての視点です（以下のA〜Dに関する文章に著した因果関係は一例です）。

　Aは、父母間も父母それぞれと子どもの間も関係がよく（＋）、3人家族がうまくいっていることを示しています。

　Bは、父母間の関係がわるく（－）、父と子どもの関係がよいので（＋）、父と子ども組に母が対抗する形になり、母と子どもの関係がわるい（－）場

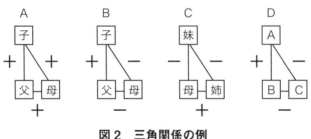

図2　三角関係の例

合です。

　Cでは、母と姉の関係がよく（＋）、母と妹の関係がわるい（−）ので、母から差別をされる妹と姉の関係がわるい（−）わけです。

　Dは、家族ではなく友だち同士のことです。BはCと仲がよくありません（−）。AはBと仲良くなりたい（＋）のですが、そのためにAもCと仲良くなるわけにはいきません（−）。

　このように3者の関係を図示できるわけですが、「3者の関係が安定しているときには、関係を示す3つの＋−を掛け合わせた値（積）がかならず＋になる」という法則（バランス理論）があります。そんなふうにむずかしく言われなくても、先ほどの私の説明で納得はいきますね。

＊　＊　＊　＊　＊　＊　＊　＊　＊　＊　＊　＊

子ども家庭例9〜復縁した両親

　集平は中2で三人兄弟の長男です。相談は学校での粗暴な行為と祖父母への暴言でした。集平が小2のときにお母さんはお父さんと離婚し、子ども3人を連れて実家に帰りました。そして祖父母の経営する雑貨屋で働いていました。家族の実権は祖母が握り、それに反発する集平を非難する言葉ばかりが祖母の口から溢れます。お母さんは集平を守ってやりたいのですが、祖母にはなかなか言い出せません。

　ある日、別れたお父さんから6年ぶりに「子どもたちに会わせてほしい」とお母さんに電話がありました。お母さんと子どもたちが揃った面接で、「集

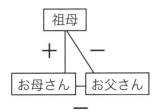

図3　集平の家族の三角関係

平が会うのは嫌だと言うのだけれど、どうしたらいいか」とお母さんから私は問われました。「子どもの気持ち」を頼みにするお母さんに対して、「お母さんはどうしたいのか。そんな大事なことを子どもに決めさせるのか」とお母さんに迫りました。お母さんは30分間、沈黙して一生懸命考えました。そして、涙をいっぱいためた目で「会わせます」としっかりと応えてくれました。このお母さんの自己決定を下すまでのあいだ、集平はお母さんの横でずっと寄り添っていました。退屈した弟2人がじゃれ合い始めました。すると集平が弟たちの椅子に蹴りを入れました。集平の顔は険しく迫力があり、弟たちはいっぺんに神妙になりました。

　その後、お母さんとお父さんは復縁し、家族で祖父母と離れて暮らすことになりました。「集平の問題行動をなおすには両親揃っていてやらなければならない」というのが理由でした。残していく嫌っていたはずの祖母と祖父のことを気遣う集平の姿が印象的だった、とお母さんが教えてくれました。

　お母さんの話から、離婚に至るプロセスには、祖母がお父さんを気に入らず（−）、祖母との関係をわるくできない（＋）お母さんが、お父さんに祖母の気に入るように振舞うことを願ったものの、拒否されたことを発端に関係が悪化した（−）という流れがうかがえました。

　それにしても、集平の問題行動は家族の変化を誘いました。寡黙で"硬派"な印象の集平でしたが、とても頼もしく優しいお兄ちゃんであり、息子でした。

＊　＊　＊　＊　＊　＊　＊　＊　＊　＊　＊　＊

再婚家族（ステップ・ファミリー）について触れておきます。

父が子ども2人（長男・次男）、母が子ども1人（三男）を連れて再婚した
とします。家族をうまく運営していこうと、まず父は三男と仲良くしようと
しました。すると次男が焼きもちをやいて「父と次男と三男」の三角関係が
できました（A）。長男が新しい母に馴染めずに「長男と父と母」との間に
（B）、長男と三男が仲良くして次男がすねると「長男と三男と次男」の間に（C）
三角関係が結ばれました。また、そこにはいない「長男の実母と新しい母と
長男」との間に（D）、さらにその「実母と父と母」との間に（E）も、心理
的な三角関係が生まれたかもしれません。それは、実母と新しい母のどちら
がこの家にふさわしいかについて、長男や母自身がこだわっている場合です。

その他にも想定されうる三角関係はありますが、もちろん必ずこうなると
述べているのではありません。でも、再婚家族の運営はむずかしさを含んで
います。すでにできている関係をさらに大きな関係のなかに組み入れていこ
うとするのですから抵抗が生まれます。とくに初期はうまくいくようにとの
気遣い、うまくいかないときの落胆も含めていろいろとあります。それがふ
つうです。そういったことを経験しながらうまく運営している再婚家族はた
くさんあるでしょうし、それらの家族の力量はかなり高いと考えてもいいの
ではないでしょうか。

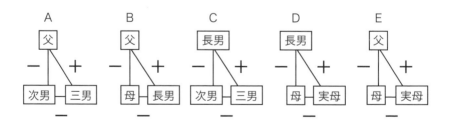

図4　再婚関係の三角関係の例

③子どもの負担

　子どもと大人の違いは何でしょうか。子どもに関しては"天真爛漫"という言葉がありますし、大人については"分別のある……"とよく言われます。「好き・嫌い」や「したい・したくない」で動くのは「思うこととすることが同じ」ことになり、天真爛漫につながります。逆に、天真爛漫では分別がないことになりますから、「思うこととすることが異なる」、すなわち「そうしなければならないかどうか」で行動が決まるのが大人です。たしかに、大人は内の顔と外の顔をかえなければ社会的にはやっていけないところがあります。でも、内の顔をそのまま出せる部分をもっているほど、その人の精神的な健康度が高いことはよく知られています。そして、「子どもは子どもらしく」と言われるように、幼少期を満喫できることが人間としての成長発達にとって重要であることに異論はないでしょう。子どもが「世話される」「守られる」ことの重要さを先に述べましたが、これも同様のことです。

　この「世話される」「守られる」が逆転し、「世話する」「守る」立場に立つことになる子どもがいます。「好き」でも「したい」でもなく、「そうしなければならない」状況に置かれた子どもたちです。

　たとえば、ひとり親世帯の子どもたちのとくに第一子は、お母さんがいくら１人で家庭を切り盛りできる力量のある人であっても、そのお母さんのサポートをすることになる確率は高いでしょう。もちろん、それがよくないと言っているのではなく、そのことによって、しっかりした思いやりのある子どもに育つ可能性もあります。しかし、本来は親の役割であることについて子どもが代わって受け持つ程度が高くなりすぎると、その子どもの負担は大きくなります。そのような状況に置かれた子どもを、「ペアレンタル・チャイルド（親的子ども）」と呼ぶことがあります。

　また、家族に障害や病気、高齢などで介護が必要な人がいると、家族はいろんな影響を受けます。たとえば寝たきりの祖父のケアを孫が１人で担っている場合もあります。最近よく耳にする「ヤング・ケアラー」とは、このように通学・通勤をしながら家事や家族の世話・介護等を担っている子どもを指します。難病・障害児の「きょうだい」も支援の必要な対象としてよく

取り上げられます。彼らは、直接のケアは両親が中心に行っている場合でも、その両親の負担を考えたときに、自分の一人暮らしや結婚などの独立にも二の足を踏むことがありますし、福祉を勉強しなければならないと義務感で思い悩んでしまったりすることもあります。そして、両親に甘えたくても甘えられず、自分には手がかからないよう振る舞うようになるのも自然な流れでしょう。

　これらのことは家庭のさまざまな事情によって生じることで、一概によい・わるいで論じることはできません。でも、子どもの健全な発達を考えるときの重要なテーマになります。家庭の事情で「そうしなければならない」現状や未来に縛られて生きるとか、何が自分の「好き」なことで「したい」ことなのかがわからなくなったりとか、そういうことから子どもたちを解き放つためには、社会の役割を考えなければなりません。

＊　＊　＊　＊　＊　＊　＊　＊　＊　＊　＊　＊

子ども家庭例 10 ～今は大人の子ども体験

　お父さんを 3 歳のときに病気で亡くした香織さんと 2 歳下の妹を、お母さんは女手一つで育てました。妹は身体が弱く、その面倒を忙しいお母さんに代わって小学生の頃から香織さんがよくみたそうで、家事も結構担っていました。妹は成績もよく母にほめられましたが、香織さんは成績があまりよくなく、家事の雑なところも含めてお母さんから叱られることが多かったようです。お母さんは香織さんの働きに感謝していたとは思うのですが、その香織さんの役割は当たり前だと考えていました。

　香織さんはもちろん小学生の頃から不満を感じていました。そして中学生になって爆発し、家出して遊びまわるようになりました。高校に進学することはできず、18 歳のときに知り合った男性との間に子どもができましたが、その後、離婚することになり、子どもを連れて実家に帰りました。

　実家では、お母さんの厳しい目が待っていました。3 歳になった子どもの育て方についてお母さんからやかましく言われる香織さんは、お母さんの意に添うように子どもに厳しく接するようになりました。そして、子ど

もの通う保育園の先生から、香織さんの厳しい子どもへの接し方について心配だという声があがってきたのです。

　相談員が香織さんにお母さんとの暮らしについて尋ねると、「窮屈なところはあるけど、お世話になっているのでしょうがいない」と言います。「どんなところが窮屈か」と尋ねても、あまり言いたくなさそうです。相談員は「ここ（相談室）では何を言ってもいい。言ったことは誰にも、もちろんお母さんにも漏らさない」ことを告げ、香織さんが話せるように仕向けました。そうすると、香織さんの思いが少しずつ聞けるようになりました。「窮屈だけど言えない」というのは心と言葉が別です。「窮屈だからどこが窮屈か言う」のは心と言葉が一緒です。それだけのことですが、相談員は今は大人の香織さんができる「子ども体験」として、この面接が役に立てばと思いました。

＊　＊　＊　＊　＊　＊　＊　＊　＊　＊　＊　＊　＊

④決定

　第1章の「これまで歩んでこなかった道」で述べたように、人の人生は選択・決定という機能によって前に進んでいます。家庭の運営や子どもの養育に的を絞ると、なおさらその連続です。結婚や出産、子どもの命名、引っ越し、進路選択……きりがありません。日常生活の細々したことまで含めると無数の決定を繰り返しています。そしてこの選択・決定には正解が用意されているわけではありません。よりよい結果がもたらされるように、自分たちにとって正解に近いものを自ら選び取っていく作業が求められます。「この道を選んでよかった」と思えれば家族は成功感を手に入れます。「間違いだった」とならないように選択・決定するのですが、結果は期待どおりにはいかない場合があります。でも、その場合でも落胆し続け投げ出すのではなく結果を引き受け次へ進もうと、選んだ道をよりよいものにする決意をするのです。

　この「決定力」は、家庭というクルマのエンジン部分を担当しています。

＊　＊　＊　＊　＊　＊　＊　＊　＊　＊　＊　＊　＊

子ども家庭例 11 ～それでも家族は僕を見捨てなかった

　非行を繰り返す中2の学に、両親は児童福祉施設に入所して立ち直って
もらおうと考えました。学は外では非行、家の中では両親に従順でしたから、
両親からそう伝えられた学は施設に入所しなければならないものと、ある
程度覚悟を決めていました。

　施設入所を担当する児童相談所に家族そろって来所しましたが、児童相
談所は荷物を預けるように簡単に子どもの施設入所を決めるところではあ
りません。子どもと会い両親とも話をするなかで、定期的に家族で相談所
に通い非行の改善を目指すことを提案しました。両親は施設入所しか方法
はないというところまで追いつめられていましたから、その他にもやり方
があると知って同意しました。学は施設に入所しなくていいなんて思って
もいませんでしたから、とても意外そうな明るい顔を見せました。

　でも、次の家族合同面接の日、家族はみなうなだれて来所しました。両
親と学の部屋を分けてそれぞれ面接しましたが、案の定、学が恐喝事件を
起こして補導されたとのことでした。両親は「家族でどうにかという希望
を失くしたので施設に入所させてほしい」と訴え、学は「もう入所以外は
なくなった、施設に入る」と言ったきり黙り込みました。施設に入所した
場合のメリットとデメリット、施設に入らず家で暮らした場合のメリット
とデメリットなどについて、揺れて苦しみながら話し合った両親の結論は、
「もう一度家族で頑張ってみる」というものでした。両親のところに学を呼
びました。そして、両親から学に宣言をしてもらいました。「もう一度家族
で頑張ろう。だからお前も頑張れ」。

　それっきり学の非行はなくなったのです。相談所にはじめて来たときの、
施設に入らなくてよくなった学の喜びは見てとれました。でもそれまで両
親から大事にされていないという寂しさを抱えていた学は、またわるいこ
とをしてしまいました。施設入所を200パーセント覚悟した学は、両親か
らのまったく意外な宣言を受け取りました。私は、このことが学から非行
をなくしたのだと強く思いました。「こんなに家族を裏切ったのに、それで
も家族は僕を見捨てないと言ってくれた」。両親が実は自分を大事にしてく

れているのかもしれないと思ってもまだ疑いをもっていた学のなかで、その思いは確信に変わったのだと思ったのです。

　おことわりを２つ。児童福祉施設はもちろんそんなに嫌がられるようなところではありません。でも、子どもにとって家から離れなければならないのはとても辛いことです。

　２つめは、学の非行がなくなった理由です。私が書いたことはそうかもしれませんが、そうじゃないかもしれません。人間の心を開けて見ることはできませんから、それは私の想像です。事実として言えるのは家族の動きと非行の消失とが並行していたということです。でもここに書いた立ち直りの理由についての想像は、次の相談事例へのアプローチを企画するときのヒントになるかもしれません。

＊　＊　＊　＊　＊　＊　＊　＊　＊　＊　＊　＊

⑤生計・お金・生活の状況

　家族の決定機能や世代間境界などとも大きくかかわりますが、誰がどのように生計を立てているのか、財産はどれぐらいあって生活に必要なお金はどんなふうに流れているのかなどは、家族内での人間関係のありようを映し出します。同様に同居・別居の変化や転居、家賃などの支払い状況、生活環境の維持、離婚後の養育費や子どもとの面会の状況、そのほかは、子どもの生活が安定的に営まれているかどうかとも大きくかかわってきます。

＊　＊　＊　＊　＊　＊　＊　＊　＊　＊　＊　＊

子ども家庭例 12 ～これが保護者としての役割

　お父さんが急に亡くなり、お母さんは高２の浩との生活のためにパート勤めを始めましたが、人間関係がうまくいかず勤務先を何度か変えていました。お母さんの収入は不安定でしたが、実家がお店を経営していて、お母さんはそこで働いてはいなかったものの店の従業員名簿には載っていて、給料が支払われていました。

　浩は窃盗や万引きで補導されることがたびたびありました。お母さんは

その都度、浩を叱りつけましたが、浩には"どこ吹く風"でした。お母さんには恋人がいました。ときどき家に来て泊まることもありました。その恋人が盗みに関して浩に説教するものですから、浩はその母の恋人を嫌っていました。

　浩の盗みのことで相談が始まり、浩の心理検査などを行いましたが、相手の言うことの理解力が弱く、コミュニケーションが苦手なことがわかりました。医師による診断名は「自閉症スペクトラム」でした。お母さんによると「なかなか話が伝わらず、おかしいとは思っていた」とのことでした。

　お母さんは、お父さんが亡くなったので妻としての役割はなくなりましたが、浩の親としての役割を1人で背負わなければならない状況でした。しかし、浩のコミュニケーションの問題は幼少期からあったはずですが、これまでの相談歴は確認できませんでした。お母さん1人の落ち度ではなかったでしょうが、保護者としての機能の弱さがあるのかもしれません。そして、働いていないのに実家から所得を得ているという事実は、このお母さんの場合、浩の親というよりは祖父母の娘であるという方向に傾いているバランスのわるさを示しているようでした。これは、世代間境界の危うさです。さらに、お母さんに恋人がいることはもちろんかまわないのですが、対人面の理解に特徴のある浩がその存在をどう理解しているのかが気になりました。もし、お母さんが浩に恋人のことを紹介していたとしても浩は理解できたかどうかわかりません。そのよくわからない人が時々家に泊まり、そして自分に説教してくるとしたら単純に「恐い」のではないでしょうか。浩にとって、人と人との境界、家の内と外との境界が危うくなっているのかもしれません。

　お母さんと浩を相手に月に1回の面接を始めました。母子の会話を聞いていると、母の話す内容は浩にはわかりにくく理解できていません。問いに対しては答えなければならないので、浩はわかった範囲で関係ありそうなことを答えています。そしてそのズレがお母さんを苛立たせたりもしています。面接者が間に入ることにしました。母子2人の間の通訳みたいなものです。それでコミュニケーションはより正確な方向に進むことになりました。お母さんの恋人のことを話題にしました。やっぱり浩は母の恋人のことを理解していませんでした。

　この月1回の面接を継続すること、浩が嫌がってもお母さんが連れてく

ることを合意しました。そして実際に面接は継続し、高校卒業後の進路までも話題にすることができました。この毎月の面接に浩と一緒に相談所まで来ること、それがお母さんの浩の親としての役割でした。

＊　＊　＊　＊　＊　＊　＊　＊　＊　＊　＊　＊　＊

⑥家族の誰かの死

　家族の誰かの死は遺族に大きな影響を与えます。病気の看病ができたのかどうか、それとも突然の死だったのか、事故や事件だったのか、遺体が（たとえ DNA 鑑定で証明された皮膚だけだったとしても）あったかなかったかなどでも、遺族への影響は異なります。看病はそれを通してその人の死を受け入れる準備をさせてくれます。事故や事件であればなぜ亡くならなければならなかったのかの納得を求めての旅が始まりますし、遺体がなければ亡くなった証拠がないわけですから、亡くなったことを受け入れられません。

　家族は個人の単なる寄せ集めではなく、全体で１つの生き物だと言ってよいところがあります。ですから、亡くなった人を亡くなった人として直ちにメンバーから外し、遺族だけですぐに安定して生活していけるほど単純ではありません。互いの悲しみの癒し、亡くなった人がそれまで家族の中で担っていた役割を補うための役割の再配分、そのほかのさまざまな要因が絡んで混乱したり、その中で誰かが症状を出すこともあるでしょう。

＊　＊　＊　＊　＊　＊　＊　＊　＊　＊　＊　＊　＊

子ども家庭例 13 ～お父さんの贖罪

　「あのときに病院に連れてさえ行っとけば……」。お父さんの悔いは大きく残りました。頭痛を訴えたお母さんを病院に連れて行かなかったのです。翌日、お母さんは急性の脳の病気で亡くなりました。

　小６の伸司はお母さんっ子でした。その伸司が、お母さん亡き後、家事に追いまくられるお父さんを奴隷のように扱い、自分の思い通りに動かないと殴る蹴るを始めました。お父さんはクタクタでしたが伸司の言いつけに従います。そのあまりの従順ぶりに「もう少し厳しく対応しては」と勧

めても、お父さんは「ダメな父親で」と頭をかいては夜中に伸司をゲームセンターに連れて行きました。

　半年ほどたった頃からお父さんの家事に手抜きが出てきました。手抜きというよりは慣れてきたと言ったほうがいいかもしれません。伸司への対応にも余裕が出てきた感じで、それとともに伸司の問題行動が少しずつおさまり、伸司とお父さんは落ち着いた親子になっていきました。

　「伸司の大好きなお母さんを自分のせいで死なせてしまった」という贖罪の気持ちが、伸司の奴隷になることをお父さんに許したのです。奴隷にされ殴られるという贖罪として具体的に行う行為を、伸司が与えてくれたと言っていいかもしれません。お父さんは伸司の悲しみを丸ごと受けとめました。そして、お母さんがいないことを感じさせないくらいにお母さん以上のことをしてやろうと思いました。でも、自分のために頑張っているのがお母さんではなくお父さんだったからこそ、伸司にはお母さんはもういないのだという事実が突きつけられ、伸司の行為はエスカレートしていきました。しかし、お父さんはお母さんの代わりではないお父さんとしての家事や伸司への接し方を身に付けていきました。お母さんの死によって倒れかかった家を、お父さんは伸司と一緒に立て直したのです。

＊　＊　＊　＊　＊　＊　＊　＊　＊　＊　＊　＊

（3）作り出したいよい関係

委員としての支援と「よき隣人」と

　家族についてのアセスメントを中心に述べてきました。そのアセスメントにもとづいて家族に対してどうかかわるのかですが、ここでは役割分担が顔を出します。かかわりの企画については、要対協の個別ケース検討会議などで委員のみなさんも参画することになると思いますが、実際のかかわりの中心は、福祉行政や学校その他の子ども家庭支援に業務としてかかわる部署となるでしょう。そしてそこに協力してもらうのが委員のみなさんです。支援

を全体的に見たときにどの部分を受けもつのか、連絡・連携体制はどのように とるのかなど、不明だったり曖昧なところは協議し、地元だからわかる事 情とそれを踏まえた対策案について積極的に提案することを薦めます。

それらのことが委員としての支援です。そして「よき隣人」であってほ しいと思います。対象となる子ども家庭へのアセスメントにもとづくアプロー チとしての「よき隣人」もありますが、対象家庭であろうとなかろうと「よ き隣人」とあえて言ったほうがいいような、住みやすい街づくりへの取り組 みです。とは言ってもそんな大層なことではありません。街の人から笑顔で 声をかけられるだけでも、転入してきたばかりで不案内のことが多く不安な 人、抱える事情によって何か負い目を感じてしまっている人、子育てに不安 を感じている若いお父さんお母さんたちは、とくに安心することでしょう。 子育てを家庭のなかに押し込めないことは地域の現代的なテーマの1つ で すが、親子で出かけられる場所作りなど、行政と一体となった取り組みなど もあれば、とくに若い人たちにとって頼れる街になることでしょう。

プラスの意味づけ

ものごとのよい側面をみたり肯定的に評価することについては繰り返し述 べてきましたが、ここでは具体的な会話に関して取り上げます。

「コップに水が半分しか入っていない」。これは否定的な（マイナスの）言 い方ですね。これを肯定的に（プラスに）言い換えてみましょう。「コップ に水が半分も入っている」です。半分の量がコップに入っているという事実 は同じでも、マイナスにもプラスにも表現できるわけです。「半分も入って いる」ほうがありがたいですから、元気が出ますね。

「今日は時間があまりなかったから、これだけしか仕事ができなかった」 はどうでしょうか。「今日は時間がこれだけしかなかったのに、こんなに仕 事ができた」です。べつに正解が1つしかないわけではありませんが、プ ラスに言い換えられるフレーズは無数にあると思います。

さて、今度は面接場面で、相手のマイナスの発言に対してプラスに意味づ けしなおして応えようという状況です。

「子どものことで旦那と喧嘩ばかりのダメな両親です」とお母さん。夫婦喧嘩の効用は先に述べましたが、「子どもさんのことで一生懸命な、よいご両親なんですね」なんてどうでしょうか。

　ちょっと激しい内容ですが、次のようなお母さんの発言がありました。「死んでしまったらいいのよ。そんなことを子どもに対して思ってしまう鬼みたいな母親なんです、私は！」。「お母さん、そんなことを思ってはダメよ。可愛い子じゃない」と口をついて出そうですよね。べつに次のように応えなければならないわけではありませんが、こんな応答を考えた人がいました。「お母さん、仏さんだってそう思うことはあるよ」。よいと思いませんか。鬼の反対語は仏ではありませんが、そんな意味合いで応えていると思います。

　このような対応は、先に述べた「主導権を取り返す」機能ももつように思います。「死んでしまったらいいのよ」と言ったお母さんは、「そんなことを思ってはダメよ」というような応えが返ってくることを、それまでの習慣や経験から漠然とでも予測しています。でも「仏さんでも」と応えられると予測が外れて「あれっ」と思い、言われている内容が「そうなんだ」とか「そう言われればそうかも」と思える筋のとおった内容であれば、お母さんは耳を貸すことになります。もし「そんなことを思ってはダメよ」という反応だったら、それに対してまた「いや、私はダメなのよ」と自分を否定的に評価する路線でお母さんは主導権をとる可能性が高かったと思います。でも、そのお母さんが耳を貸した時点でこちらは主導権を取り返したのです。そして、「だってそうよ。子育てって大変なんだから、そう思うことぐらい誰にでもあるし、許してもらわないとね」→「そうなんだ。ちょっと安心した」という会話につながり、言葉どおりにお母さんが気持ちを立て直すことができたら、これだけで立派な子育て支援です。

　私たちは批判は上手なのでその練習は不要ですが、このプラスへの言い換えは練習したほうがいいと思います。練習の始めは、わざわざよいように“おべんちゃら”を言っているような感じがちょっとあって心地好くありません。でも慣れてくると、自分の耳に入ってくるプラスへの言い換えを聞きながら、「そのとおりだよなあ」と認識が広がるような気になります。おべんちゃ

らではなく「子どものことで夫婦喧嘩するのは立派なこと」なのです。

「委員さんの言うことは理解できません」と言われると、「これだけ丁寧に説明しているのになんだ！」と腹を立ててしまいそうですが、穏やかに「そう正直に言ってもらって助かります。どの点がわかりにくかったでしょうか」と返すと、よりよい話し合いが展開するかもしれません。

「なかなかものごとが進まない」のは「慎重にことを進めている」のかもしれませんし、「嫌々やる」のは「嫌々でもやってくれる」と言い換えてみてはどうでしょうか。

プラスに言い換えることばかりについて述べましたが、プラスでもマイナスでもないところにもっていくやりかたもあります。すでに述べた例ですが、「自分が正しい」と相手が主張している場合、「いや、私のほうが正しい」と反論したくなります。でも相手は自分の意見を明確に教えてくれているわけです。そう思えたら「そうなんですね」「そう思っておられるんですね。わかりました」でいいのではないでしょうか。

マイナスに言い換えるのはどうでしょう。相手が楽観的すぎるときに少しマイナスの可能性も指摘すると、もう少し慎重に考えるきっかけになるかもしれません。しかし場合によっては相手を不安に陥れたり"脅し"になりかねませんから、それこそ慎重に使ってください。

マイナスに色づけされたストーリーもプラスのそれも真実ではなく、そのような見方にすぎません。しかし、世の中のことはこの「見方」で成り立っている部分が大きいことは、すでに述べたとおりです。ここではプラスの意味づけの効用について述べました。これも繰り返しになりますが、少しでもの勇気や希望を求めて相談に来た人にとって、相談に乗ってくれる人がマイナスではなくプラスの目で見守ってくれているのは、ありがたいことでしょう。

第 5 章

子ども虐待について

「通告」という言葉には「堅い」「強権」的なイメージがつきまといますが、「虐待に対応するために行政としてバックアップしてくれる部署に協力を求める」というぐらいの意味に捉えたらどうでしょうか。

（1）子ども虐待に関する基礎知識

法律や制度の概要

　子ども虐待に関する法律や制度について、私なりにまとめたものが表3です。記述が簡単すぎたり抜けていることがあるかもしれません。また、とくに「虐待する保護者がかかえる要因」などは経験にもとづく恣意的な記述です。より正確な資料については、他の本やウェブサイトなどを参照してください。

表3　児童虐待防止に関する基本的なこと

児童虐待の防止等に関する法律の必要性：家庭内での虐待は外から見えない。暴行だけが虐待行為ではない／他の法律を適用できない場合も子どもを救わなければならない。
児童虐待の禁止：虐待は誰もしてはならないが、法律の対象は保護者（現監護者）による虐待である。
虐待は4種類：①身体的虐待／②ネグレクト（養育・保護怠慢）……同居の男性による行為は実母によるネグレクト（男性が保護者ではない場合）／③性的虐待／④心理的虐待……上記の虐待のない虐待。言語によるもの他。両親間のＤＶ（Domestic Violence 配偶者間暴力）やきょうだいの被虐待を見ていた子どもも該当する。
虐待の認定：調査のうえ、子どもの立場からみて虐待であれば認定する。
虐待ケースの広い幅：実母による虐待が多い……子育て不安との密接な関係がある／小学生以下が対象になることが多い（小さくて弱い者に向かう）／心理的虐待の多さには面前（子どもが見ている前での）ＤＶについての警察からの通告の増加が影響している。性的虐待の暗数（表面化しにくいから通告されないが、実際には起きているかもしれない件数）は多いはずである。
何によって虐待を疑うか：子どもの泣き声や大人の怒鳴り声。子どもだけで放置されている（その結果としての熱中症等や焼死などもある）／傷や傷跡。身長や体重の不変化や減少。食事の摂り方や量がふつうでない。不潔、同じ着衣。そのことなどでいじめられる、荒れる、表情の変化、無気力、おびえ。家に帰りたがらない。被虐待の告白／怪我や火傷の医学的所見と保護者による説明の食い違い。シェイクン・ベイビー（揺さぶられ症候群）。医療ネグレクト（輸血拒否ほか医師の指示や勧めに従わない）。虫歯や口腔の異常。グレイ・ゾーン（虐待か事故かの判断がつかない）／小さい子の身体の人への接触や性的なことへの標準以上の関心／長期間姿が見えない。保育所や学校に行かせない／他の症状や問題行動の背後にある場合／目撃や虐待者や家族からの情報／ＤＶ環境、きょうだいへの虐待環境／その他（親子心中。代理によるミュンヒハウゼン症候群〔子どもを病気の状態にして看病する保護者を装うなど〕……）。

虐待する保護者が抱える要因：①「生活」の困窮と人間関係の悪化やそれらとも関連する精神障害（→虐待の当事者ではない私たちの体験としても想像できる範囲）／②力量の育ちの問題（→「できて当たり前」のこともその人の「育ち」の結果である）／③引き金と虐待行為（→「正論」ではコントロールできない感情や必然がある）／④その他。

虐待された子どもにありうる特徴：諸理由があっての被虐待事実の否認／いくら虐待されてもその保護者からの保護を求め続ける／基本的安全・安心感がなく予測をもった関係維持ができない（たとえば、抱っこを要求したら抱っこしてもらえるという確信がもてない）。主体性が後退し期待がもてない（だから自分から積極的行動に出られない）。他者依存や状況依存（したがって他者や周りの状況に支配されてしまう）／自己肯定感、自己効力感、自尊感情が持てない（そんな自分に満足感や自信がもてない）。諦め（負のストーリーの蓄積……自分の人生はよくないことばかりが起きて希望がもてないなど）／欲求を自分でコントロールするための学習ができておらず、自分の気分次第で一方的に相手を攻撃するような虐待者の対人行動をモデルとして学習している／その他。

国民による通告制度：児童福祉法に要保護児童の通告義務、児童虐待防止法に被虐待児童の通告義務が定められている／子どもとよくかかわる職種、団体により強く求められる早期発見、通告義務／おそれのレベルでもかまわない。通告者の秘密は守られる。したがって通告内容が間違いでも責任を問われることはない／通告先は、市区町村児童福祉関係課、児童相談所。警察も「住民の安全を守る」職務を行う。

通告を受けた側の動き：緊急の協議と調査、リスクアセスメント（虐待行為による危険度の査定）、48時間以内に安全確認を行う。

要保護児童対策地域協議会の設置：代表者会議、実務者会議、個別ケース検討会議の3層からなる非常に重要な枠組みであり、その機敏性と内容の充実が課題である／要支援事例、特定妊婦も対象となる。

市区町村児童福祉課などや児童相談所、家庭裁判所、児童福祉施設ほかの被通告後の業務：地域連携による在宅ソーシャルワークと家族支援／立入調査、出頭要求、臨検・捜索（家庭裁判所の許可）／親権者の同意による家族分離（一時保護〔最長2か月。家庭裁判所の承認による更新有〕、社会的養護〔児童福祉施設、里親〕と職権による強制的家族分離（一時保護〔児童相談所長の職権の行使〕、家庭裁判所審判による社会的養護〔2年ごとの再審判〕）／社会的養護現場での子どもの生活などの保障とケア／保護者指導、家族支援（市町村、児童相談所、児童福祉施設など）／親権停止（家庭裁判所の決定により最長2年間）／その他。

予防や住民への啓発、地域の体制の整備：上記の要保護児童対策地域協議会ほかを通じての諸活動。

子ども家庭福祉や虐待防止活動にかかわる人たち：住民、民生委員・児童委員、主任児童委員、子育て支援関係者、保健師、保育士、教師、医師・看護師、学校内のソーシャルワーカーやカウンセラーなど／警察官、弁護士、家庭裁判所調査官、児童福祉施設長・職員、里親など／市町村児童福祉関係課職員、生活保護担当ケースワーカー、家庭相談員、児童家庭支援センター職員、（児童福祉審議会委員）／児童相談所職員（児童福祉司〔児童虐待事例専任・地区担当〕、児童心理司、一時保護担当者、医師、虐待対応協力員など）、その他。

また、「虐待」という言葉が激しすぎて不適切だという指摘があります。私がかかわった事例の保護者のお顔を思い浮かべて、私もその言葉を控えたくなる気持ちにもなりますが、簡潔に述べることを主旨に「虐待」を用いています。

なぜ保護者は虐待するのか

　まず、表中の「虐待する保護者がかかえる要因」について説明します。すでに述べたように、ここに書いたことは私の経験にもとづいてはいますが恣意的なものです。またそれぞれの要因は絡まっています。

　①の「『生活』の困窮と人間関係の悪化やそれらとも関連する精神障害」ですが、収入が低く生活が貧困になると、夫婦関係や家族関係が大きく軋みます。それが地域や職場の人間関係にも及び、場合によっては「うつ」その他の精神障害と相まって、子どもの世話への意欲が低下したり、欲求不満によって子どもが攻撃の対象にされやすくなったりします。こういう状況は、虐待の当事者ではない私たちの体験としても想像できる範囲にあります。貧困は心理的要因ではなく社会的要因です。

　②の「力量の育ちの問題」は、なぜ私たちは掃除をするのかを考えてみるとわかりやすいように思います。汚れたから掃除をするわけです。汚れていない状況がバランスがとれているのだとしたら、汚れるとバランスが崩れたことになります。崩れたバランスは元に戻さないと不安定です。ですから掃除するのはバランスを取り戻すことです。すなわち、掃除をする人はバランスのとれた状態が安定していることを知っているのです。逆に、掃除をしようと思わない人の中には汚れた状態を不安定だと思わない、つまりバランスのとれた状態をよく知らない人がいるかもしれません。

　虐待の再生産や世代間連鎖などとよく言われます。ワイドショーなどが取り上げていますが、このような"心理的病理"の匂いのするテーマをマスコミは好むようです。マスコミが好むということは、視聴者が好むのだと思っているのでしょう。それはともかく、虐待の世代間連鎖はマスコミが言うほどには多くないと言われます。「自分が虐待を受けたから、自分の子どもに

は虐待をしない」と頑張っている人はたくさんいるでしょうから、あまり世代間連鎖を言いすぎると、頑張っているかたがたに失礼です。

　でも、幼少期、いつも部屋は散らかっていたからそれがふつうだと思って育ってきた人は、大人になってから掃除する必要性を説かれても、ピンとこない部分があるのではないでしょうか。誰のせいかと問われれば、掃除を今しないその人ではなく、そのように育てた人でしょう。ですから、掃除を今すべき人に掃除の仕方を教えることはしても、その人を責めるのにはちょっと筋違いを感じます。「『できて当たり前』のこともその人の『育ち』の結果である」のです。

　③の「引き金と虐待行為」ですが、たとえば一瞬も座っておらず動き回る子どもに、座って食事をさせるのは至難の業です。こんなふうにかかわってみてくださいと助言され、そのようにして最初はうまくいっても、また繰り返し立ち回ります。お母さんは子どもに食事をさせる係専従ではありません。イライラが募り「もう何度言ったらわかるの！」と、子どものお尻を叩きました。……このお母さんを誰が責められるでしょうか。多動の子どもにはこんなふうにかかわったらいいですよという「正論」ではコントロールできない、お母さんの追いつめられ感ほかの感情や必然があるのです。

　④として、その他の要因もいろいろとあると思います。

　派手に報道されるような虐待事例（というよりは事件ですが）には、特殊な何らかの要因が絡まって際立った様相を呈しているように私は感じます。でも、ニュース番組や記事に触れた人たちの中には、虐待件数が増えたと聞けば、報道されるようなひどい虐待が増えたと思う人もいるのではないでしょうか（件数の増加には面前DVが大きく寄与していると聞いて、少し肩すかしを喰ったように感じた人もいると思いますが）。派手に報道されるようなものを片方の極、もう片方の極に、たとえば第2章の「子ども家庭例1〜泣いて電話をかけてきた若いお母さん」（これは虐待事例ではありませんが）をおいたとして、子ども虐待として相談の場にあがってくる事例は、この両極の間に幅広く存在すると考えてよいと思います。

子どもはどんな影響を受けるのか

　虐待を受けた子どものことについてですが、まずは身体的虐待を想定して
述べることになります。

　虐待を受けた子どもは、その事実を認めないことが多くあります。加害者
である保護者から口止めされている場合もありますが、子ども自身が否認せ
ざるを得ない気持ちに追い詰められていることもあるでしょう。口止めされ
ていなくても、被害を口にすれば結局バレてしまってまたやられるという予
想が立ちますし、誇れないと感じている家庭の内情が外に知られることは避
けなければなりません。また、自分を大切に思ってくれているはずの保護者
が加害者で自分が被害者であるという衝撃的な事実を受けとめることが恐
かったり、自分がわるいことをしたからだ（自分に非がある）と思うと、子
どもは保護者を悪者にできません。これには、自分に非があるという事実を
認識しているときと、親にあれだけ怒られたのだからきっと自分が怒られる
ようなことをしたのだろうという、自分を納得させるためでもある子ども自
身の不確かな推量にもとづくときがあるようです。さらに、心のなかのショッ
キングな記憶が定量を超えると、心を守るためにそのできごとを心の外に出
してしまう、つまり忘れる（解離）という心の機能があると言われます。私
は出会ったことはありませんが、この状態に至っているように観察される子
どももいるようです。

　いずれにせよ、虐待を受けた事実を否認する子どもたちは、そのことによっ
て自分の心身の安全を守ろうとしています。いわば鎧を着ているわけですか
ら、その鎧を無理に脱がすように虐待の事実を聞きただそうとされると、そ
れは子どもにはとても辛いことです。

　「いくら虐待されてもその保護者からの保護を求め続ける」と表3にあり
ます。虐待されている子どもが一定の年齢に達していると、周囲の大人は「親
をあてにせずに1人で生きていくつもりにならないと」と思ったり、その
ように励ましたくなる場合もあると思います。でも、子どもはいくら虐待を
受けても保護者なしには生きていけませんし、保護者を好きで頼りにしてい

ます。それだけ虐待行為は子どもに対してひどいことをしていることにもなるのですが、「(親子関係が) うまくいかなくても、一緒にいたい」という子どもの気持ちを、虐待防止が最優先だとして親子分離しか眼中におかず、無視することはできません。必要なのは家族支援なのです。

　次に、表3には「基本的安全・安心感がな」いことをはじめとして、子どもの成長・発達に悪影響がある点をいくつかピックアップしました。そこには心理的成長の側面しか記述していませんが、それを支える脳や身体面の成長にも悪影響があるという報告がなされています。

　ネグレクトの場合は、すでに述べた「世話されなければ自分で自分を世話するしかない」ことや、「ネグレクトされている環境を『ふつう』の基準として育つ」ことの問題などが際立ってくるでしょうか。

　心理的虐待では、DVやきょうだいの被虐待に対して自分が無力であるときや、たとえば保護者から無視され続けている場合など、自己肯定感は低く、自分を自分として安定して受け入れることができにくいでしょうし、生きにくさにつながるのではないかと思います。

　性的虐待では、小さいころからの家庭環境が性的に偏っていたり、虐待であったと後々わかった子どものショックが語られる事例もあります。性的虐待は表に出にくいものです。「(性器に) 触らせたらアメがもらえる」のように幼児が被害感をもたない場合もありますし、またなかなか口外できるものではありません。とくに実父からの被害などは表明されにくく、やっと表に出ても実父だけでなく実母からも否認されます。そして、そのあげくは虚言だと子ども本人が悪者にされる場合もあります。これは家族を守ろうとし、子どもが切り捨てられる構図です。性的虐待は、人間としての、また人間関係の基本的な部分にかかわるものですから、「生きる」ことにも大きな影響を及ぼし、その被害は深刻です。

　いずれにせよ、どんな虐待をどんな状況で何歳頃から受け始めたかによって、被害の状況はさまざまです。

　次は節をあらためて、虐待に関する児童通告周辺のことについて述べたい

と思います。みなさんは通告する側ですが、通告は受けなくても委員として相談されることもあると思います。私は大学生に「近隣で虐待を疑うようなことがあれば、あなたの住んでいる地域を担当する民生委員さんに相談しなさい」と伝えてきました。

　以下の文章は、通告する機会の多い保育園や学校の先生がたに向けて書いたものを下敷きにしています。したがって、委員や住民のみなさんに直接関係する内容もあると思いますが、そうではない部分も多々含まれます。しかし、虐待防止と家庭支援に絡む大切なことを述べたつもりですので、参考にしてもらえればと思います。

（2）通告周辺のことについて

ただの傷か、それとも虐待か

　子どもの「傷」は身体的虐待発見の重要な目印ではあっても、子どもの日常生活における通常の「傷」は勲章です。

　勲章である意味は第2章で述べましたが、でも虐待による傷もあり得るわけですから、虐待防止活動を担わなければならない現場では、傷に敏感である必要はあるでしょう。「気がつかなかった」ではすまない場合も、このご時世ではあると思います。しかし、「気がついた」あと、その傷をどう判断し、どう対処するのかについては、やはりバリエーションがあります。傷を見つけたらそれがどんなものかを問わず、全件即児童通告というものではないでしょう。傷を含む豊かな日常生活を制限させるような風潮は、児童福祉と逆行する虐待防止です。傷が何によるものか（子どもや保護者による説明も含めて）、他に傷がないかをたしかめたり、その子の様子や家庭等に関する情報にも注意を向けたりして、「シロ」と判断すれば動く必要はないでしょう。「グレー」の場合はさらに調べ、行政の担当者に必ず知らせて経過をみることになります。「クロ」の場合はあらためて述べるまでもありません。

1人で判断しない、動かない

第1章でも述べましたが、それらの判断や対応を1人でしないことが重要です。チームでかかわることを促しているのが虐待防止活動だと言えます。より強い通告義務がたとえば保育士や教師という個人にだけでなく、保育所や学校という組織にも課されていることからも、集団での意思形成が求められています。そして、園長や校長先生も行政の担当者と垣根を高くせず連携することが求められます。これは委員のみなさんも一緒です。

通告は法的義務

虐待の疑いをもったときには通告しなければなりません。「通告」は「密告」のニュアンスがあったり、通告後は通告を受けた機関によって強引な親子の分離などがいきなりなされるかのようなイメージをもち、通告を躊躇する場合があるかもしれません。しかし、通告しなかった場合の罰則があるわけではありませんが、通告は義務です。繰り返しますが、一般国民、それからそれ以上に子どもたちに直接に接し、様子を知ることになる職種の人やその人が属する組織・団体（すなわちその長）には、より強く義務が課されているわけです。日本は法治国家ですから従わなければなりません。

通告者の秘密は守られることが法律には明記してありますし、誰が、どこの組織・団体が通告したかについては伏せられることになっています。しかし、たとえば保育園や学校が通告したのは状況からして明らかなのに、それが秘密にされると、かえって虐待を疑われる保護者の感情を逆撫でする場合があります。その場合は、「私どもが通告しました。理由の1つは通告しなければならないと法律に定められているからです。2つめは子どもさんとお父さんお母さんを守るためで、一日も早く以前のような安心なご家族に戻っていただくためです。お気をわるくされたことは承知していますが、だからといって知らん顔はできませんし、これからもお父さんお母さんのお力になりたいという気持ちはまったく変わっていません」と真正面から保護者に伝えるほうが、しばらくの反発は招いても、よりよい展開につながることがあ

り得ます。でも、法律的にはこのようにする必要はなく、通告を受けた機関（市町村の子ども福祉課や児童相談所）との相談・合意のうえでこのようにも対応できるということです。

通告とその後

「法律にもとづいて通告はしたけれども、現場（保育所や学校）では保護者と友好的な関係を続けるので、通告を受けた福祉（市町村の子ども福祉課や児童相談所）から保護者へのかかわりは控えてほしい」と、福祉に対して要望される場合があるようです。このことについて考えてみます。

「通告」という言葉には「堅い」「強権」的なイメージがつきまといますが、「虐待に対応するために行政としてバックアップしてくれる部署に協力を求める」というぐらいの意味に捉えたらどうでしょうか。協力を求められたところは、通告を受けたからといって、これまでの経過をふまえずにいきなり一方的にことを進めたりはしないはずです。これまでの経過を確認し、これからについて合意しようと意見を求めたり提案します。もちろん、今すぐの判断や対応を求められる場面では先行して動くことがあるかもしれませんが、そのような場合でも説明はするはずです（もし、そのようなことがなく一方的な展開が図られる場合などは、福祉に対して問題提起をすべきでしょう）。ですから、通告後の保護者への対応は、かかわる諸機関がトータルに役割分担して行えると思うのです。

通告をしたものの、あとは一切福祉に任せてしまう現場もあるようですが、通告前と通告後で一方的に何かが大きく変えられるわけではないので、適切に役割の確認と分担がなされたらいいと思います。

さて、先ほどの福祉への要望に対する回答ですが、「当面は園や学校による保護者対応をメインとする」という処遇方針の合意がある場合を除いて、福祉から保護者へのかかわりを控えるのはむずかしいでしょう。通告を受けた機関の業務責任があるからです。

介入的対応と援助的対応

　一般的に、虐待対応には「介入的対応」と「援助的対応」の両方が必要です。前者は「あなたがしているのは虐待です。虐待を行ってはいけません」と相手に踏み込むような対応です。後者は「自分でも不適切だと思うような対応をせざるを得ないほど、追い詰められているんですね」と理解を示し支援していくような対応です。もっとも、虐待をしてしまうほど荒れている気持ちに理解は示せても、虐待は容認できません。

　日本の児童福祉は、これまでこの両方の対応を市町村の子ども福祉課や児童相談所に求めてきました。諸外国では、介入的に子どもを保護する機関と、援助的に家族再統合（虐待のある家族からない家族に変化すること）を目指す機関を分けているところがあるようです。日本ではそれが分けられていないことからくる（つまり、同じ機関が相手に対して厳しくしながら優しくするというような）矛盾を抱えながら業務を進めてきたわけです。でも最近、外国と同じように明確に２つの機関を作るまではいかないものの、その趣旨を生かし、介入的対応を児童相談所が、援助的対応を市町村の子ども福祉課が担当するという棲み分けを、厚生労働省が打ち出しました。しかし、なかなか机上の計画のようにはうまくいかない状況もあります。

　このように虐待対応は一筋縄ではいきませんが、先ほどの福祉への要望にも表れているように、そこからくる戸惑いを保育園や学校現場でも感じています。「保護者への友好的な対応を重ねてきたのに、通告したことが知れたことで、保護者から『裏切られた』という思いをもたれてしまう」とか、「児童相談所などからの介入的なメッセージが入りすぎると、（学校も実は児童相談所と同じように考えているんだと見透かされて）自分たちの援助的なアプローチを保護者から信じてもらえなくなる」というような懸念があるわけです。でも、介入と援助の矛盾については、「介入をやめてくれ」、あるいは反対に介入を行っている機関からの「援助的対応をやめてくれ」という方向での解消ではなく、介入と援助がお互いの効果を帳消しにしないように、両方の効果を保護者にもたらすような工夫は可能です。そのための協議が事例ごとに

深まればと思いますが、以下のような例も参考になるでしょうか。

工夫例

　現場は子どもや保護者と毎日出会うところです。「虐待をしてもかまわない」と言ってはいけませんが、援助的な対応に徹すればいいのではないでしょうか。行われた介入は福祉の機関が行ったこと、つまり「悪者」はその機関であるとし、介入されたことによる保護者の被害感に寄り添えばいいのだと思います。そして、そのように対応することが福祉との間で確認されていれば、なおいいでしょう。

　児童相談所が学校現場から子どもを職権によって一時保護することについてもそうです。「学校はなぜ子どもを児童相談所に渡したのか！」と学校が批判される筋合いはなく、「児童相談所長が児童福祉法第33条によって一時保護を決定したことにもとづいて、職権によって立ち入り、保護を実施した」のです。

　実は、市町村の子ども福祉課でも児童相談所でも同じようなことを保護者に向けてやっています。通告を受けての家庭訪問の際、「今、国が虐待防止について厳しく言ってるでしょう。うちの所長もそうなんですよ。子どもさんへの不適切な対応があると通告された以上、それがあったかなかったかを私たちが調査させていただいて、なかったとしたらその十分な根拠を所長に示さなければなりません。あったとしたらそれがなくなるまでおつきあいして、同様にもうなくなったという根拠を所長に提出しなければなりません。そういう仕組みになっていて、これはもうほかにどうしようもないんです。私たちも所長に『わかった』という判子を最終的に押してもらえるように頑張るので、ご協力ください」と保護者に対して言うことがあります。所長を外の「敵」にして、保護者と訪問者のつながりが少しでもできればという努力の表れです。

　「工夫例」を書きましたが、虐待の疑いをもたれた保護者もこの本を読む可能性を考えているのだろうか、と心配になった人がいるかもしれません。でもそれは大丈夫だと思います。保護者に嘘をついたり、先に述べたような

言い方で騙そうとしているのではありませんし、例として述べた内容は事実です。援助的対応は「機嫌をとろう」とすることではありません。虐待の疑いがかけられていることの扱いを今はこんなふうにしかできない、そういった時代状況をお互い一緒に子どものために乗り切りませんかという、「同時代を生きる仲間への呼びかけ」と言えば言いすぎでしょうか。

虐待の構造（仕組み）

虐待は「いじめ・いじめられ」ですし、その仕組みが関係者同士にも波及しやすいのが虐待事例です。そして、その仕組みのことを「虐待の構造」と呼ぶことがあります。「保育園がこの子の一時保護が必要だと市の子ども福祉課に訴えてきたから児童相談所に要請したのに、相談所は応じてくれない。子どもが危険な状況なのに相談所は何を考えてるんだ！」と市の職員。児童相談所の職員は、「市は保育園の切迫感に押されっぱなしで、今、たとえ一時保護でも子どもを家庭から引き離したら親子関係が切れてしまう危険性を考えてくれない。落ち着いてくれよ！」と対立します。ちゃんと意見をぶつけ合って話し合い合意することは大切なことですので、対立自体はわるくないのですが、いたるところにそういうことが起こりやすいのです。

やはり虐待事例は関係者に不安を生じさせます。子どもは大丈夫だろうか、保護者の状態がまたわるいんじゃないだろうか、うまく保護者とかかわって上手に子どもを守らないといけない、そうできないと親子がたいへんだ、そして事例にかかわっている機関と職員が批判される……。何事もうまくいっていればそれでいいのですが、自分はできる限りのことはやっているつもりなのにうまくいかないときに、あそこの機関のやりかたがまずいんじゃないかと他を責める形になりやすいのです。不安が攻撃を生みます。しかし、いくら対立にも意味があると言っても、無用の対立で無用のエネルギーを割かなければならないのは辛いものです。

そういう構造を併せもつ虐待事例にかかわる関係者の精神保健は大切なテーマです。委員のみなさんがその対立の構造に巻き込まれそうなときは、どんなときでしょうか。そのときのストレスを解消する秘訣は、やはり落ち

着いて相手と話し合うことなのでしょう。

(3) 虐待防止と家族支援

虐待事例へのかかわり

　誰が子どもを虐待しているかの統計を見ると、実母の数が多くなっています。これは、日本の日常の子育てが母親中心に行われていることからして、虐待と子育てとの関連が強く、虐待防止には子育て支援、すなわち子ども家庭支援が欠かせないことを示しています。

　事例をどう理解したらいいかについては前章で述べましたし、虐待事例を特別視する必要はありません。ただ、なぜ虐待が起きているのか、虐待と家族の特徴との関連などをよく検討し、虐待防止のための策を考える必要があります。

　さて、委員のみなさんが子ども虐待事例にかかわることになったとき、どのようなことに気をつければいいか、これまで述べたことと重複する部分も多くありますが、まとめておきたいと思います。

相談・協力・連絡

　ホウレンソウ（報告・連絡・相談）と呼ばれることと同じですが、一緒に動くことになるほかの委員や行政担当者との相談・協力・連絡がとても重要です。とくに虐待相談対応は1人では行わないことが鉄則ですからね。

　それから、「はじめに」にも書いたように、「見守り」を依頼されたとき、何をどう見守るのかがわかるまで依頼した人に確認することが重要です。そうしないと依頼するほうもされるほうもわかっているつもりになり、実際は大切なことが見守られていなかったことにもなりかねません。また、見守っていたのですが、子どもの姿がしばらく確認されないという状態が行政担当者に連絡されず、ただ見守られ続けていたことがあったことを聞きました。子どもの姿が見えないのはリスク（危険）要因です。そのようなことを防ぐ

には、ただ相談・協力・連絡が必要だということだけでなく、委員が自分からの連絡によって他とどのような連携が進んでいく可能性があるのかという見取り図を、一定程度描けることが必要になってきます。

表3の「市区町村児童福祉課などや児童相談所、家庭裁判所、児童福祉施設ほかの被通告後の業務」について、簡単に説明しておきます。

通告を受けた機関の業務

通告を受けた機関が48時間以内に子どもの安全確認を行うことなどについては、表3のとおりです。ただ、たとえば「あちらの方向から親の怒鳴り声と子どもの泣き声が毎晩聞こえる」というような通告を受けた場合は、該当する家庭が特定されなければ業務は行えませんから、他機関からの情報を得ながら特定する努力をします。特定されなければ特定されるまで網を張っておくしかありません。

対象家庭が特定され、虐待の疑いが強いけれども、不在や面会拒否などがある場合、立入調査、出頭要求、臨検・捜索（家庭裁判所の許可が必要です）などの法的な取り組みがなされる場合があります。先に述べた子どもの姿が見えない場合など、通常の家庭訪問や、状況によっては立入調査に至ることもあるでしょう。

家庭訪問などによって虐待とは認定されない場合は、業務はそこまでとなります。虐待の疑いが続く場合や、虐待と認定されるけれども即座の親子分離が必要ではない場合は、地域の機関や委員との連携によるソーシャルワーク（相談活動）と家族支援が行われることになります。このソーシャルワークと家族支援は、以下のいろいろな措置がとられた場合も継続して行われます。

子どもと保護者を分離する必要がある場合、児童相談所の一時保護所への入所については保護者に同意を求めますが、同意がなくても児童相談所長が入所の必要を認めれば、入所させることになります。一時保護所に入所できるのは2か月間までで（更新には家庭裁判所の承認が必要です）、入所すると基本的に学校には行けません。したがって、より長期にわたって分離する必

要がある場合は、児童福祉施設（乳児の場合は乳児院、幼児以上の場合は児童養護施設やその他の施設）や里親に子どもの保護と養育を委ねることになります。このように家庭で育てること（養護）ができないときに施設等を利用することを、「社会的養護」と呼んでいます。この社会的養護は保護者の同意が得られなければ選択できません。しかし、保護者がいくら反対していても分離しなければならないと判断される状況はあるわけですから、そのときは児童相談所長が家庭裁判所に訴え出ます。裁判所の審判で承認が得られれば入所させることができます。この裁判所の承認によって入所させた場合は、2年ごとに家庭復帰か入所継続かの再審判が行われることになります。保護者の大多数は親ですが、親には「親権」があります。親権のなかにある居所指定権は、子どもに「あなたはここで暮らしなさい」と居所を指定する権利です。親が「家で暮らしなさい」と指定するのと、児童相談所が「施設に入所させなさい」と指示するのとの闘いになるわけです。

　児童福祉施設に入所したり里親に委託された子どもたちは、そこで養育を受け、学校に通い、保護者からの不規則な接近等からは守られます。その間、児童相談所は施設や里親、学校と連携をとりながら、子どもがまた保護者と虐待のない親子関係を取り戻すために、市町村と協力してソーシャルワークを続けます。最終的な施設や里親からの家庭復帰は、児童相談所長の判断によります。

　数年前に導入された「親権停止」に触れておきます。「親権剥奪」の制度は従来からあるのですが、なかなか「剥奪」の判断が裁判所から下りるものではありません。しかし、たとえば交通事故に遭った施設入所中の子どもに輸血しないと命が危ない場合、親権者が信教上の理由などで輸血を承諾しなければ、親権代行者である施設長がいくら輸血を主張しても、手続きに時間がかかったりして輸血できないということが起こり得ます。このようなときに、家庭裁判所の決定により最長2年間の親権停止の判断が可能になっています。

対象となる家族への接近

　さて、虐待事例への支援の話に戻りますが、ここで述べることは一般論です。個別の事例に関しては個別の検討内容にしたがってください。

　「使用前、使用後」という言葉があります。「使用前より使用後のほうが状態がよければそれを使用した効果はある」ということで、使用前の状態を知らなければ効果は語れません。これと同じように、人の以前の状態を知っていてはじめてその人の今の状態について評価できるわけです。「表情がいつも明るい人なのに最近暗い」とか、「子どもさんといつも外で楽しそうに遊んでいたのに、最近は閉じこもって姿を見ない」とかです。ふつうの日常的交流と観察は、対象家族と同じ地域に住んでいるみなさんだからこそできることです。知っていれば変化が見えます。その変化の情報が次へのかかわりのきっかけになります。

　「見守り」は「監視」にならないようにするのが大切です。監視されている感じは窮屈です。地域での暮らしの窮屈さが保護者のイライラを生んだり促したりすれば、支援のための見守りは逆効果になります。

　また、「支援者」は「指導者」にはならないことも重要です。これは第3章や第4章でも書いたつもりですが、「優しく見てもらっている」「支えられて助けてもらっている」感じと、「秘密が漏れているんじゃないかと疑う」「指導しようとされている窮屈さと反発がある」感じとの境目は微妙なものです。対象の保護者が「虐待している」「不適切な子どもの取り扱い方をしている」「子育てに不安がある」などの情報がみなさんのミーティングや会議で共有されていたとしても、それらに関することをその保護者との間で話題にしなければならないことはありません。

　前章で述べた三角関係をまた取り上げてみます（図5）。

　Aは、委員が子どもに「君、よい子なのに叩かれて可哀そう」と伝え、子どもは「わかってくれて嬉しい」と応えて関係は＋。保護者に委員が「可愛い子なのになぜ叩いたりするのよ、ダメじゃない」と言うと「外面だけいいあの子のことをわかってないくせに」と保護者が反発して関係は－。したがっ

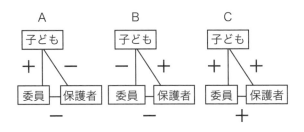

図5　支援者と子ども・保護者の三角関係の例

て（安定している三角関係の３つの関係の積は＋ですから）子どもと保護者の
関係は－。委員の目的は体罰をなくすことなので、子どもと保護者の関係を
＋にしなくてはなりません。でもこれでは、思いとは裏腹に体罰を促進させ
るかもしれません。

　さあ、子どもと保護者の関係を＋にしましょう。

　Ｂでは、委員が子どもに「あなたなんか叩かれて当然よ。親から言いつけ
られたことをしないんだから」と告げ、子どもがキレて関係は－。保護者に
は「子どもと同じように喧嘩して大人げない」と告げてこれも関係は－。そ
して子どもと保護者は「どんな委員なんだ？　ねえ」と共感し、めでたく関
係は改善。でも、こんなことは冗談でしかやれません。

　となると残りはＣです。委員は子どもと仲良くし、保護者とも仲良くす
ると、子どもは保護者と仲良くならざるを得ません。でもこれはあくまでも
計算上のことで、実際は自動的に子どもと保護者が仲良くなるわけではあり
ません。委員は子どもとも母親とも仲良くしながら、たとえばお互いのよい
ところを伝えたりして親子が仲良くなるように仕向けていくわけです。虐待
する保護者を大切にしないと支援はうまくいかないと言われる根拠は、ここ
にもあります。

保護者への援助的な理解と面接

　委員や住民のみなさんが虐待を疑われている保護者と面接する機会はあま

りないと思いますが、事例も併せて私の考えが参考になればと思います。前章までに書いたことと重複する部分については、重要だから重複していると考えてください。

　虐待事例での保護者面接の目的は、「子育てが虐待を伴わず少しでもよい方向に向かう」ことです。そのために「面接による支援」を志すのですが、その支援がかえって相手に必要以上のストレスを生じさせることのないように注意するのが肝心です。虐待行為への批判ではなく、虐待行為に及ぶに至った原因が少しでも解消したりうまくいくように援助したり、子どもに伝えたいことを虐待行為以外の方法で伝えていけるよう支援していくことが必要です。「愛情がない」と決めつけそれが問題だと問い詰めるのではなく、「子どもに幸せに育ってほしいという愛情がいっぱいなんですよね。だから叩いてしまう。他のやり方でうまくいくように一緒に考えましょうよ」という提案です。

　虐待者と名指しされた場合にどんな気持ちになるものかについては、十分に想像しておく必要があります。悪者だと指摘されれば落胆や失望、反発や怒りなどがあるのが当然です。まず、それらの気持ちをそのまま受けとめたいものです。そして、苦しい状況から今後のよりよい展開への今が出発点だとの希望を、相手がもてるような言葉添えができたらいいと思います。あなたを罰しようとしているのではなく困っていることについて支援していこうとしているのだ、困っていることから立ち上がっていくあなたの力を応援しようとしているのだ、ということをどう伝えていくのかです。

　そのための要点の１つが、「批判をしない、提案する」ことです。「問題（原因）指向」という言葉があります。それは「虐待が問題だ。その虐待をしたあなたが問題だ。あなたが反省して正すこと以外にない」と、結局は保護者を責める形です。それに対する言葉として「解決指向」があります。それは「虐待をしなくてもすむようにどうしていけばいいでしょう」「（それをしてはダメだではなく）こうしていこう、こうできればいいね」と前向きに一緒に考え提案をしていくようなことです。ぜひ、この「解決指向」を目指したいと思います。もちろん、解決を目指すためにこれまでのことを尋ね、それを

参考にして次を企てる場合もありますから、これまでの虐待について触れたり尋ねたりしてはいけないということではありません。

「解決指向」へのもっていきかたとして、繰り返しになりますが、「あれができていなかった」「あれがダメだった」より、「こういうことはできていた」「あれはよかった」と、よいところを見つけてそれを後押ししていくような道筋があります。また、「その理屈は通っていて、そのようにやってうまくいったらよかったのだけれど、うまくいかなかったのだから、そのやり方は役に立たなかった。だから、違うやり方を考えよう」ともっていくことが必要な場合もあるかもしれません。それは「あれがダメだった」と言っているのですが、少なくとも「あなたの考えが間違っていた」とは言っていない点で、相手の肩をもっています。いずれにしろ、このように進めていくためには、相手をできるだけ落胆させずに勇気づけ、相手の「よいところ」を見つける力がこちらに必要です。

5つの事例から

＊　＊　＊　＊　＊　＊　＊　＊　＊　＊　＊　＊　＊

子ども家庭例14 〜家事をまったくしていないって……

　お母さんと小学生から3歳までの4きょうだいの家族。お母さんは家事をせず子どもたちを放ったらかしで、とくに多動気味の3歳の子はお母さんからよく叩かれていました。お母さんは行政の担当者に愛想よく開けっぴろげにかかわり、自分が家事をしないことや暴力なども隠そうとはしません。まさに「オープン」で相手が誰であろうととる距離は変わりません。子どもが言うことをきかないからとハンガーで叩くとか、柵のない対流式の丸いストーブの上のやかんのお湯で子どもに火傷をさせてしまうことなどは、目の前の何ごとに対してもオープンすぎてコントロールできていないことの表れです。お母さんの側に何か身体的虐待の意図のようなものがあるわけではなさそうです。でも、悪意はなかったとしても悲惨な事態を招くことになってはいけません。当然、子どもの心身の発育に問題が出たり傷を負ったりしてはいけないし、母親を加害者にしてもいけません。

関係者による会議では、お母さんのオープンなよい面を利用して、関係者の力を借りながら家事や子ども対応の1つひとつができるようになればよいし、お母さんに任せておけない状況になったときには一時保護などを行うことなどが確認されました。

この事例は、地域の関係者の息の長い努力で小康状態が保たれていったのですが、関係者会議で話し合われた以下のことが印象的でした。お母さんは「家事をまったくしない」と評価されていたのですが、「まったくしていないというのは本当だろうか」と疑問が出されたのです。たしかめると、「おかあさんが箒で掃いてるところを見た」「しゃもじをもってたよ、子どもを叩くためじゃなくて」という証言が出てきました。たしかに「まったくしていない」と言い切り、それを信じ切ってしまうと、私たちは「している」事実を見ようとしません。「まったくしていない」のですから「している」はずはないし、「している」なら「まったくしていない」という認識は誤りになるからです。反対に、「少しは家事をしているかもしれない」と思うと、「している」事実を探そうとします。そうすると見つかります。これは騙されやすい魔術です。評価は公平で慎重であるべきです。

＊　＊　＊　＊　＊　＊　＊　＊　＊　＊　＊

子ども家庭例 15 ～公園のベンチが僕の居場所

小2の祥太は定時に家を出ても学校に着くのは遅く、またなかなか学校からも帰宅しません。そして嘘が多く、罰としてお母さんから叩かれたり食事を与えられなかったりしていました。お母さんと3つ上の姉と3人で暮らしています。別れたお父さんは母子に暴力をふるっていました。

祥太は嘘をつこうと思ってついているのではありませんでした。お母さんからOKを貰いたかったのです。何かを失敗したときに、「正直に言ってごらん」という正直に言えばほめられそうな勧めの言葉に乗って正直に言ったりすると、母を怒らせるでしょう。ですから事実とは異なる怒らせない内容を言わなければなりません。言い換えると、お母さんの迫力に飲み込まれて心が縮んでいるなかで、できるだけお母さんを刺激せず怒らせないように調和的でいることを、自分に求めていたのです。このように祥太は

自分を守るための、そしてお母さんにより穏やかな気持ちを保ってもらうための努力をするのですが、その思いとは裏腹にお母さんをさらに怒らせてしまいます。

お父さんとの間で経験した侵害される一方の対人関係が、結果としてお母さんとの間でも続いていて、祥太は母のいる家のなかではリラックスできなかったようです。こう書くとお母さんを悪者にしているようですが、お母さんもお父さんとの関係で疲れていたし、母子で生活していくうえでのストレスは大きいものでした。そのなかで母子の悪循環が起きていたのです。

リラックスするには、安心して自分自身でいることのできる場が必要です。祥太にとってのそれは、学校の行き帰りの公園のベンチのうえでした。自分の息遣いを感じながら過ごせる時間は、傍目には無為に見えても、祥太にとっては少しでものエネルギーを蓄えられる大切なものだったのでしょう。

お母さんは泣きながら、そんな祥太の心情を理解してくれました。

＊　＊　＊　＊　＊　＊　＊　＊　＊　＊　＊　＊　＊

子ども家庭例 16 ～大切な人と一緒にいるということ

茜は 17 歳。0 歳の赤ちゃんのシングルマザーです。赤ちゃんのお父さんは、妊娠がわかって間もなくいなくなりました。高校進学は実現せず、祖母から生活費をもらって赤ちゃんを育てていた茜は、中学の同級生が高校生活を楽しんでいるのを見て、自分も高校に行きたくなりました。妊娠以降、母子を支援するために濃密にかかわっていた保健師や相談員は、高校進学はとてもよいことだとその方向で支援し、茜は同級生から 1 年遅れで昼間定時制の高校に進学することになりました。もちろん赤ちゃんは保育園が預かります。

4 月にスタートした新生活は順調に進んでいたのですが、「この 3 日間、茜ちゃんの赤ちゃんが連絡なく登園していないんですけど」と保育園から連絡がありました。夜、茜宅を訪問した保健師と相談員は、丸々と太ってスヤスヤ寝ている赤ちゃんを目にしてホッとしました。茜は 2 人を歓迎し、高校の楽しい話をどんどんしてくれます。「ところで」と保育園の話を切り

出した途端、茜は口を閉ざしてしまいました。でも、どうにか聞き出せたのは次のようなことでした。

　茜の家には中学の同級生の高校生たちがよくやってきましたが、可愛い赤ちゃんは彼や彼女らの人気の的で取り合いだったようです。そして、「今日は学校サボるんで、家で赤ちゃんをみといてあげるから、茜、学校に行っておいでよ」、ときには茜が学校に赤ちゃんを連れて行き、授業をサボった同級生に赤ちゃんを預けて授業に出るというようなことが起きていたのです。保健師と相談員がずっとサポートしてきた赤ちゃんが、高校生のばい菌だらけの手で扱われています。それだけじゃなく、下に落とされたりしたらどうするの？と気が気じゃありません。

　実は、これまで、茜のもとから大切な人が次々にいなくなるという歴史がありました。小さいころ、母と父が相次いで失踪し、育てられた祖父母とも事情があって分かれて住むことになりました。祖母から生活費をもらって祖父母宅での１人暮らしになり、知り合った男の赤ちゃんを産んだのですが、先に述べたようにその男もいなくなりました。危なっかしい茜の子育てを見守ってきた人たちからは、赤ちゃんを乳児院に預かってもらってはどうかという声もあったのですが、担当の保健師と相談員はそれはよくないと考えてきました。もうこれ以上、大切な人と別れる経験を茜にさせたくないと思ったからでした。もちろん、乳児院などの力を借りなければならない局面では一時的に借りるにしても、茜と赤ちゃんを引き離さないという方針は貫くつもりでした。

　保健師と相談員は、茜の家で中学の同級生たちと会いました。そして、「赤ちゃんを可愛がって面倒をみてくれてありがとう。赤ちゃんはすぐばい菌に感染したり、脳もまだ未熟なので、大切に扱わなければならないの。だから保育園でプロの人たちにみてもらうのが一番いいと思う。学校のあるときは保育園でみてもらって、休みの日はみんなにも可愛がってもらえると、赤ちゃんと茜さんにとって一番いいと思うから、そういう方法で茜さんのことを応援してくれたら嬉しい」と伝えました。同級生たちは快く承諾してくれました。保健師と相談員は、この同級生たちも茜の傍にずっといてほしいと願ったのでした。

次の日から毎日、赤ちゃんは保育園に登園し、茜は楽しい高校生活を続けました。

* * * * * * * * * * * *

子ども家庭例 17 ～子どもだけでなくお父さんも守る

　外国人の父子でした。子どもは保育園年長組の男の子の健。お父さんから叩かれたり家に入れてもらえず、夜の9時になっても路上で1人で遊んでいました。夜、私たちが家庭を訪問すると、お父さんは機嫌よく歓迎してくれました。お父さんは日本が長く建設現場で働いていました。健のお母さんは日本人で失踪したそうです。お父さんは、健が自分の言いつけを聞かないので罰を与えていることを、包み隠すことなく話してくれました。そして、自分も父親にそういうふうに育てられてきたこと、そのことにとても感謝していること、自分の国ではみんなそうだと付け加えました。私たちは「お父さんの言うことはとてもよくわかるけど、今の日本ではそういうわけにはいかないところがあって」と伝えるのですが、聞く耳をもたず、母国の思い出話に花を咲かせます。またお邪魔していいかと尋ねると、「どうぞどうぞ」とのことでした。

　1週間後、保育園から再通告がありました。健が頬を腫らして登園したそうです。お父さんが迎えにくる時刻に保育園に来てもらえれば面接できる部屋を用意しておくとのことだったので、そうお願いしました。

　保育園でスタンバイしていると、お父さんが現れました。園長に言われて私たちに気がついたお父さんは、ムッとした表情を見せました。叩いたことの事実は認めましたが、不機嫌なままです。私は続けました。「子どもが叩かれるのは子どもの成長・発達によくないので、私たちは保育園と一緒になって健くんを守りたいと思って来ています」。お父さんの表情は変わりません。「そして、この間も話したように、日本では子どもへの体罰によるしつけは暴行罪とか傷害致傷罪とかになる可能性もあるんです。そうなったらお父さんは犯罪者で、健くんは犯罪者の子どもです。そんなことになってはいけません。ですから、私たちは健くんだけでなくお父さんも守る、そしてお父さんが大事にしている家庭も守る、そのために来ているんです」。

お父さんが、一瞬ハッとした表情になり、こちらを見たような気がしました。その日は、数日後にお宅を訪問する承諾を得て、終わりにしました。

　約束の夜に家庭訪問をすると不在でした。その後も不在が続き、父子はどこかへ転出したことが推測されましたが、追跡しても行方は知れませんでした。

　この父子に対しては何も支援できませんでした。ただ、私は、保育園でお父さんに対して話す自分の声を聞きながら、「そうだよな、子どもだけじゃなく保護者も守ろうとしているよな、私たち」と思ったことを覚えています。

＊　＊　＊　＊　＊　＊　＊　＊　＊　＊　＊

子ども家庭例 18 〜虐待しないなんて約束しないで

　小3の卓也は、お父さんからの身体的虐待で児童相談所に職権で強制的に保護され、その後、両親も同意して児童養護施設に入所しました。児童相談所との関係は職権による保護の当時は険しいものだったものの、その後は指導を受け入れ、卓也は家庭に引き取られることになりました。その区切りの相談所職員との面接にお父さんとお母さんは臨みました。

　父「もう、殴ったりはしません。大丈夫です、約束します」

　母「ええ、主人も反省してますし」

　職員「そんな約束なんかしないでください！　約束なんかしたら、もしまた殴ったときにその約束を破ったことになるでしょ。殴ったことを私たちに言えますか？　殴ってませんと嘘を言わざるを得ないじゃないですか。体罰はやめようと思っても、約束してても、出るものなんですよ。一発出たら2発目、3発目も勢いで出ます。そういうものなんです。強制的に保護したのもそれが理由です。まだ、わかっておられませんか。そんな約束なんかしないで、殴りそうになったらすぐ私に連絡をください。もし1発殴ってしまってもその時点で電話をください。1発殴ったからって、それだけですぐに子どもさんを連れて行ったりはしませんよ。一緒に頑張っていきましょうって言ったのはそういうことです。わかっておられると思ったのに」

　父「すみません。よくわかりました」　母「はい」

「虐待しない」との約束が裏目に出るときがあります。職員は「私たちは
あなたたち家族を守ろうとしてるんですよ」ということをわかってほしく
て、あえてこんな言い方をしました。

＊　＊　＊　＊　＊　＊　＊　＊　＊　＊　＊　＊　＊　＊

（4）子ども虐待に関して考えたいこと

虐待防止を前面に出した取り組み

　子どもが健全に育つことは誰もが望んでいることで、児童福祉制度もその
ためにあります。虐待で亡くなるなんて最悪です。亡くなってしまっては児
童福祉も何もありません。したがって、何よりも優先して、虐待で子どもを
死なせてはなりません。

　この思いで立てられる施策では「虐待防止」が前面に出ます。児童福祉
法や児童虐待の防止等に関する法律（児童虐待防止法）を超えて、刑法にも
とづいて逮捕される保護者も出てきます。虐待者＝犯罪者です（子どもが亡
くなったりした場合は別として、子どもは犯罪者の子どもでもある被害者として、
捜査で供述し、裁判で証言しなければならない可能性も出てきます）。

　重大な結果になってしまった事例が全国で続くとこの路線が強化され、福
祉を担うべき児童相談所も“福祉警察”的な業務を負うことになります。そ
して、その業務に失敗すれば落ち度を批判され、「検証」によってその後の
さらなる緻密な対応を求められることになります。

　警察の介入のあるなしにかかわらず、リスク要因があると判断すれば、児
童相談所は保護者から子どもを分離するために一時保護を実施します。保護
者の同意がない場合は、その多くで強制的な対応を行った相談所と保護者と
の対立が始まります。施設入所や里親委託の際もその対立が続きます。

　社会的養護を経たかどうかにはかかわらず、子どもの家庭引き取りも対立
が続いたままスムーズにいかない場合が多くあります。子どもを家庭に返す
には、少なくとも虐待以前よりは以後のほうが家庭状況が改善している、あ

るいは改善が見込めるという根拠が必要です。しかし、そもそも保護者が虐待を認めていない場合などは一緒に改善を進めたりはできませんし、その結果、子どもはなかなか家に帰れないことにもなり得ます。

家族支援を前面に出した取り組み

結果としての虐待は事実なのでもちろんそこにも注目するけれども、生活の実態はどうだろうかと目を移すと、それは家族支援を前面に出した取り組みにつながります。虐待も含めて、子どもの健全に育てられる権利が守られる環境にあるかどうかです。「ネグレクト家庭だ」と名指しされても、保護者は苦しい生活のなかで最低限の食べさせることだけはしてくれている場合もあるでしょうし、「身体的虐待だ」と指摘されても、先に述べた例のように動き回る子に耐えられなくて叩いたという事情もあることでしょう。「それだけ生活が大変だったらそういうこともあるよね」という理解です。

虐待か否か

この家族支援を前面に出した取り組みでは、起きたことが虐待か否かの判断は二の次になります。第一は、家族支援が必要かどうかです。

そもそも、虐待があったかどうかの認定は「100か0か」(あったかなかったかのどちらか)です。そのために虐待とはこれであるという定義が必要で4種類が定められているわけですが、それらの項目について「この程度以上が虐待である」とは書かれていません。ということは「30」とか「60」もあるというような程度の問題ではなく、まさに「100か0か」なのです。

なぜ程度は不問なのでしょうか。子どもが言いつけを守らなかったときに「こらっ」と頭を軽くはたいたり、おでこをつついたり、お尻を叩いたら虐待でしょうか。もしその様子を隣の人がたまたま見ていて身体的な虐待だと通告されたりしたら……そんな警察国家はごめんです。とはいっても「その程度は叩いてもかまわない」と表明すると「叩くのを一部にしろ肯定する」ことになるし、「だったら、どの程度以上が虐待になるのか」と問われてもそんな明確な線引きはできないし、結局、程度を示すことはできないから

「100か0か」にならざるを得ないという側面があるのではないでしょうか。そして、もしちょっと叩いたりしたのも虐待かどうかと問われたら、躊躇しながらも「虐待だ」と答えざるを得ないような無理さを背負うことにもなっているような気がします。「いかなる体罰も虐待である」と言われる意図はわかりますが、ちょっと叩いただけのようなことはよい・わるいの評価の対象にせず、放っておけばいいのではないでしょうか。日常生活の細々としたことにまで価値づけするのは行きすぎです。

　この「100か0か」の矛盾は、100として命名された「虐待」から想定する行為と実際の行為とは同じではなく、「虐待」は実際をそのまますくい取っていないことにあります。つまり、実際はどんないきさつでどんな形や程度の行為があったかはそれぞれなのに、そういう細部は無視され「虐待」という言葉で一括されてしまうことになります。「犯罪」かどうかの場合はこのような矛盾は感じなくてすむと思いますが、「虐待」を「犯罪」のように扱うと、虐待を疑ったり認定した後の支援を考えたときにこの矛盾を無視できませんし、「虐待」を認めていない保護者との対立という支障が実際に出ているわけです。

　そしてこの矛盾をかかえざるを得ないことについて、たとえ丁寧な説明を求めても、「それは虐待を防止するため」という域を出ないように思われます。また、「子どもの立場から見て虐待であれば虐待である」という違う角度からの虐待の認定に関する説明が、結果的にこの矛盾から目を逸らさせるよう機能している側面もあると私は思います。

　なぜこんなややこしいことを書くかというと、子ども虐待防止活動がよりよいものに成熟していくためには、見解を出し合って検討を進めていかなければならないからです。ただ、それだけではありません。人間生活は単純ではなくいろんなことがらが絡んでいるわけですが、「これがダメ」だから「これを禁止する」という単純な図式や大雑把な見方だけで切り取るようなことが、虐待のことだけでなく世の中に溢れているように思うからです。「いじめはダメ」「ハラスメントはダメ」と、もちろんそれらはダメなのですが、反論できない正論ばかりがお題目として登場し、それに縛られざるを得ませ

ん。そして、その逆らえないお題目の下で単純に導かれた業務や活動を行わなければならない状況を、私たちは明確に意識しておいたほうがいいのではないかと思うからです（次章で「『対策』が他の不都合を生んでいる」として、これに関連することを述べるつもりです）。

　もちろんダメなことを改善するために、改善すべきターゲットを明確にすることで効果をあげていることがあるとしたら、それは有効で大切な方法です。明確にしないことで根深く続いてきた習慣や偏見を変えていくためには、そのような明確化が必要です。しかし、それではなかなかうまくいかないことがあるとしたら、それには理由があり、切り口を変えて考えてみなければならないのではないかと思うのです。

　そして、反復して恐縮ですが、「虐待か否か」という二分法を市町村の子ども福祉課や児童相談所が対象の子ども家庭に介入していく切り札にしていることが保護者との対立を生み、処遇を困難にし、家族への支援を遠のかせているとしたら、「100か0か」の「100」にもっていこうする強引さを、後で述べるように検討の対象にしてはどうかと思うからです。

綱渡りの綱から落ちないように

　この「虐待防止を前面に出した取り組み」と「家族支援を前面に出した取り組み」の両方を行おうとしているのが日本の現状だと述べました。

　1918年度の厚生労働省による統計では、虐待相談対応をした事例のうち一時保護したのは16パーセント、そのうち施設入所などの親子分離に至ったのは19パーセントで、全体の3パーセントになっています。つまり、大多数については子どもを在宅のままにして虐待防止・家族支援を行っています。これは、繰り返しますが、子どもの安全を守ることと、虐待のない子育てをする力を保護者がつけることとの両立を、市町村の子ども福祉課や児童相談所が目指しているからに他なりません。

　親子関係にはその積み重ねの経験が重要です。親子が分離されるとその経験を積み重ねにくいので、分離せずに家族支援を志します。しかし、そこには親子が一緒にいるわけですから虐待が起きない保証はありません。つまり

「綱渡り」のようなものです。綱から落ちてしまうかもしれません。虐待が再発して子どもが危険な状態に陥ると虐待防止の失敗です。そうなると、最初から綱に乗らないことにもなりかねません。家族支援を通して虐待を防止することからの撤退です。でも、それでは子どもの現在の安全を守るだけで、目の前のことだけではない今後の子どもの幸せに向けた児童福祉の仕事をしていることになりません。でも、「死んでしまってはその後の児童福祉はないのだから、背に腹は代えられない」と言われれば、口ごもってしまいます。

　結局、この綱渡りを続けて、綱から落ちない精度をどう高めるかということがテーマになってきます。

バランスのくずれ

　しかし、現状は、児童相談所長の職権を行使して虐待防止に取り組む方向に大きく傾いているようで、最初から「綱に乗らない」ように見えるところもあるぐらいです。職権による虐待防止に傾き過ぎると、子どもの安全は確保できたけれども子どもや子どもが育つ場への福祉の具体化の可能性は下がるでしょう。逆に、家族支援に傾きすぎると、子どもの安全が守れなかったという場合も出てくることになるわけです。

　職権を行使した虐待防止の取り組みへの傾きを、参加した事例検討会などで実感したのは、私が児童相談所に勤めていた頃に比べて、保護者の了解が得られない場合に職権によって子どもを一時保護する基準がずいぶん下がっていることからでした。つまり、「以前はこのような親子分離の必要性が高くない事例では一時保護していなかったけれど、今は保護者と対立してでも保護している。そして、その対立が尾を引いてその後の処遇がうまく運んでいない」という印象です。

　この親子分離が、親子関係そのものが希薄になるきっかけを作ることがあります。極端な例ですが、次のようなことが起こります。たとえば子どもが何らかの要因で育てにくい状態になっている場合、育てる役割を投げ出したいという本音が保護者の心に浮かんだりします。そのときに、拒否しているのに虐待を理由に強引に子どもが児童相談所に保護されると、文句を言って

相談所と対立し抵抗します。しかし、分離されると自分たちは育てなくてもいいことにもなりますから、「渡りに船」になり、その後、子どもを育てる責任は相談所が負わされるのです。そこまで極端でなくても、育てにくい子が保護によって家庭から一時的にでも抜けると家庭の安寧が生まれますが、その安寧と、子どもの家庭復帰によってまた安寧が乱されるという保護者の不安によって、復帰後の子どもの家庭での居心地のわるさが増幅されかねません。そしてそれが子どもの問題行動、保護者による再虐待へとつながる可能性があります。児童相談所が子どもの一時保護を躊躇するときは、このような問題が懸念される場合もあります。

　一時保護の影響について述べましたが、保護者をわるく言っているのではありません。これは子どもをめぐって保護者と相談所の間に作られる構図です。「育てにくい子を育てたくない」「育てにくい子がいないとやすらぐ」親の気持ちを批判はできません。そう思うことはあるでしょうし、それを行動に移さなければ何を思っても自由です。そして、親は誰しもいろんなことを思いながらも、これは子どもたちに聞かせてはいけない言葉ですが、育てなければしょうがない（責任感プラスアルファ）から育てている側面があるのではないでしょうか。

　保護者が同意していない一時保護をめぐっては、虐待か否かも含めて児童相談所の対応が批判的に報道された事例もありましたが、虐待防止が前面に出た取り組みの結果だと言えるでしょう。

次には家族支援を軸に練り直しを

　さて、「子どもを虐待で死なせない」ことを目標とした取り組みは、死なせないために強制的にでも保護者と子どもを分離することに直結します。そして保護者と行政との間の対立を生み、しかし、寄り添って支援することが求められ、それがなかなかむずかしい状況が生み出されています。言葉遊びではないのですが、「子どもを虐待で死なせない」ではなく「子どもを守り適切に育てる」ことを目標に据え直してみます。そうすると、「虐待か否か」という保護者との対立からまず入るのではなく、保護者に抵抗はあっても子

育ての実情について認識を共有しようとするところから入りやすくなって、児童相談所にしても親子分離だけにとらわれず（もちろん分離しないと子どもが危険な場合には分離する必要があります）、児童福祉の業務を行っていきやすいのではないでしょうか。

　業務は日々続いていますから、「綱渡り」のバランスを保ち、綱から落ちない精度を高める方向で今は努力していかざるを得ないと思います。しかし、そのうえで、先に述べたように、虐待防止が前面に出るときの矛盾を少しでも解消し、虐待かどうかの命名からではなく、対象の子ども家庭の実際に対して等身大で無理なく入っていける入り口から入れる仕組みを、再度検討してみたらいいのではないでしょうか。「子どもが死んでしまったらどうするんだ！」という正論によって思考停止させられるのではなく、「虐待を犯罪と同じように捉え、犯罪である虐待に対してストレートに真正面から切り込もうとする」ことに無理があり、うまくいかない部分があるとしたら、そこを少しでも変えられないだろうかと思うのです。

　人員不足を理由に関連機関の人員を増やすにしても、どういう内容の業務にどういうことのできる人を増やすのかという、具体的なビジョンが求められるように思います。

施設や里親宅での虐待

　施設職員や里親による子どもへの虐待が報道されることがあります。もちろん、施設職員や里親には適正な養育についての研修指導は行われていますし、社会的養護の下にある子どもたちには、「子どもの権利」を教え、苦情がある場合の申し立てのルートなどは知らされています。

　施設職員や里親は業務として養育を行いますし、家庭で虐待を受けてきた子どもたちを自らの専門性にもとづいて養育するわけですから、虐待することが大目に見られたり許されていいはずがありません。しかし、不適切な扱いは起きることがあるのです（適切だと思われる扱いでも不適切だとされて、職員が苦境に立たされる場合もあります）。すでに述べたように、子どもがわるいわけではありませんが、子どもたちは被虐待という特殊な環境下で育っ

てきているわけですから、身に付けることのできていないことがあったり、不適応な対人行動をとったりすることが多々あります。そういった子どもがもっている特徴と、施設職員や里親の弱点（弱点は誰にでもあります）が小さい空間の密な関係のなかで絡み合ったときに、感情的な言動が交わされやすいことは想像にかたくありません。対人援助業務は「感情労働」と言われたりもするぐらいで、子どもも生身ですが、職員も里親も生身です。生身の人間をどう守るのか、守られる環境とはどのようなものかをよく検討しなければなりませんが、これは子どもはもちろん施設職員や里親のことであり、そして子どもたちの保護者のことでもあります。

第6章

伝えたいそのほかのいくつかのこと

　「子どもたちにはつまずきを乗り越え、これからの長い人生を生きていってほしい」わけです。「育てる」「生きる力をつける」というスタンスが、かかわる人たちにとっては馴染みがいいように思うのです。

（1）対策が他の不都合を生じさせていること

ボール投げはどこでできるの？

　1つひとつのことがらごとに対応するとなると対応にばらつきが出ますが、「対策」がとられ、こういう場合はこう考えるとか、こうするというようにルールみたいなものができると、個別のことがらへの対応は行いやすくなります。でも、そこに落とし穴はないでしょうか。

　たとえば、「知らない大人には口をきかない」ように指導するという対策がとられている小学校があると聞きます。誘拐などを防ぐためでしょうが、それでは子どもたちの地域社会での人間関係は豊かさとは反対の方向にいってしまいます。このように、一面ではよいけれど、他の面では不都合を生じさせていることが結構あります。

　「公園でボール遊びをしてはいけない」としたら、子どもはどこでボール投げができるのでしょうか。子どもがつい乗りたくなるような庭園のモニュメントなども、「触れてはいけません」となっているところがあります。コロナ禍だからというようなことは別にして、触れたいですよね。被害者と加害者を出さず、公園や庭園の設置者の責任を逃れるためでしょうか、そのような対策が打たれているわけです。

　ハラスメント、たとえばパワーハラスメントはあってはならないことは当然です。しかし、上司が部下にアドバイスしようとして、その中に部下のマイナス面への指摘が含まれ、部下からパワハラだと指摘される可能性を少しでも感じたら、アドバイスを口にしようとした上司は安全策をとる可能性が高くなります。もし「マイナス面の指摘を避けて」とコンサルタントから耳打ちされたとしても、それでは何のためにアドバイスしているのか、何を言ってるのかが部下に伝わりません。これまでハラスメントについて私たちが無節操だったことは反省しなければなりませんが、そのリバウンドはいつまで、どのように続くのでしょうか。

　また、第2章で述べた子ども虐待に関する「泣き声」通告も、対策の弊

害の例です。

「いじめ」と「非いじめ」の区別

いじめがダメなことは明白です。いじめはいじめとして対応していかなければなりませんし、当たり前です。

ところが、「いじめられている子が嫌な思いをしたらそれはいじめである」とされています。もし、文字通り嫌な思いをしたら全部いじめだというふうになっているのだとしたら、それは行きすぎではないでしょうか。嫌な思い、理不尽な思いなど、いろんな思いを私たちはみんなしてきたし、することがあります。そして、それらが全部なかったらよかったわけではないと思うのです。ああいう嫌なことがあったから次から気をつけるんだとか、あれは嫌だったけど我慢する力がついたんだとか、あの経験が今を支えてるんだとか……。これらは単にそういう言い方ではなく本当にそうです。だとしたら、もし子どもたちが何ら嫌な思いをせずに育って世の中に出ると、嫌なことへの耐える力がついていない分、たやすく潰れてしまいます。ですから嫌な思いをする経験は必要なのです。もちろん、いじめではない範囲で。

どこからが「いじめ」で、どこまでが「非いじめ」なのかを考えなければなりません。たとえば「からかい」です。からかいが元になっていじめに発展した事例があるとして、子どもたちに向けた「いじめ調査」の項目にそれが入っていると聞きます。「からかったことがあるか」「からかわれたことがあるか」「からかいを見たことがあるか」なんて問われたとしたら、子どもたちはからかいもいじめに入るんだ、ダメなことなんだと思い、自分の言動をチェックすることになります。たしかに、からかいが発端で重大ないじめに至った事例はあったかもしれませんし、私がからかいだと思っていることが相手を傷つけたこともあったかもしれません。でも、そういうものは改めなければならないとしても、一般的にからかいには生活文化を豊かにする側面もあると思うのです。私の中学生の頃はみんな坊主頭でしたから、散髪に行って青々とした坊主頭で登校すると、必ず「お初！」と、みんなから頭を叩かれる儀式がありました。これもからかいだと思います。「お初！」と言

われて嫌でしたが、それはみんなから認められているみたいなことでもありましたし、私にとってはよい思い出です。

　実は、この「お初！」エピソードを書くことについては躊躇がありました。他人の容姿について囃し立てる内容ですから、これは明らかにルッキズム（lookism　容姿差別）だと批判されると思うのです。「年寄りだから」と言えばエイジズム（ageism　主に高齢者差別）です。このような命名とそれをやめようという主張は筋が通っていますし、私も大切なことだと思うので躊躇したわけです。そして、今後も「これも差別にあたるんだ」と新しい考えが紹介されると、「そうなんだ。それにも気をつけなくちゃ」と、私たちは次々にそれらを取り入れていかざるを得ないと思うのです。しかし、それはどこか反論しにくい圧力で押し切られているようで、「ちょっと待てよ」までは言えるけど、その後に続く言葉をまだもてていない現状があるように思います。

　繰り返しますが、差別される人の立場に立って差別をなくしていこうとするのは正しいことですし、1人ひとりの権利を大切にする世の中にしていくことに役立ちます。子どもたちも知識を増やすことで世の中に適切に対応する力を育むでしょう。しかし、その知識が子どもたちの自由な感覚に自然に染みこんでいけばいいのですが、あまりに「正論」が押し寄せすぎると、「これは言ってはいけないから言わないのだ」という処理でしか対応できなくなるかもしれません。そうなると、言ってよいこととわるいことの区別だけにこだわり、自由な表現が抑えられることになりかねません。自由に話せなくなれば、それがストレスを増やすかもしれませんし、いわゆる本音と建前の開きが、面と向かわわない陰でのいじめを助長するかもしれません。

　さらに、「正論」によって周囲に守られるほど、そのなかにいる人は弱くなるという側面があるようにも思います。……そう書き始めると、ここでまた躊躇が生まれます。「周りから守られるだけじゃなくて、自らも強くなれということか」、つまり「いじめられている人にもっと強くなれというのか」「弱いからいじめられると言いたいのか」という批判を誘ってしまう予感を、私はもってしまいます。いじめられる側が負わなければならない非はありま

せんし、いじめは正当化できないことです。これは揺るぎません。しかし、「被害者を守る」という方向で世の中が動いているということが、「人間よ、もっと強くなろう」というメッセージまでをもタブーにしてしまっている側面があるように思います。考えすぎでしょうか。

　「お初！」エピソードがもし被害者を生まなかったのだとしたら、その要因は、私だけでなく男子全員が坊主頭であったということかもしれません。たしかに、私1人が頭を叩かれていたら衝撃度は違っていたでしょう。これもからかいの質の違いを示すのだと思いますが、虐待が「100か0か」だったように、からかいも「100か0か」なのでしょうか。

クレームとその予防

　クレームによるトラブルはいろんなところで起きていますが、学校への保護者からのものはよく話題にあがります。クレームには正当なものと不当なものとがあります。正当なクレームはつけていいし受けるべきでしょう。

　第2章で「どこでどんなよいことが育っているかわからない」として、保育所や幼稚園での子どもの擦り傷への保護者からのクレーム対策について述べましたが、ある中学校では次のようなことがあったと聞きました。学校内で起きた何らかの問題事象について、子どもから保護者に伝わってしまう前にと先手を打ち、そのクラス全体か学年全体かの保護者に先生たちが電話を入れたそうです。すると、電話を受けた保護者の何人かから、「なぜそんなことまで電話してくるんですか。学校のことは学校で処理してください。そんなことをいちいち家庭にまで知らせる意味がどこにあるんですか。知らされたら子どもに『そんなことあったの?』って、尋ねなくていいことまで尋ねなくちゃいけないでしょ！」と大目玉を喰らったらしいのです。保護者の言い分はよくわかります。ただでさえ忙しい先生がそういう電話をするのも手間ですし、連絡を受ける保護者も負担で、何もよいことはありません。

　正当ではないクレームに対応しなければならない先生たちは大変ですが、この保護者からのクレームは正当なものだったと思います。

(2) 発達障害などをめぐって

適応第一だろうか

　発達障害の1つに自閉症スペクトラムがありますが、対人関係やコミュニケーションがうまくいかない、想像力がうまく働かないなどの特徴があると言われています。

　その自閉症スペクトラムと診断されているある人が、自分の"自閉症歴"を振り返っているビデオを観ました。「エレベーターで一緒になった人が『暑いですね』と声をかけてくれたのに、『暑くないです』と言って相手に怪訝な顔をされてしまい、それをきっかけに、『暑いですね』と言われたら『そうですね』と言うんだということを覚えました。それでしんどいことが1つ減りました」と語っていました。それを聞きながら、そのように人間関係がスムーズにいく対応を手に入れて生きにくさが減ったんだ、それはよかったと思った一方で、発達障害と呼ばれる特徴のある人は、自分のありのままのことを1つひとつ修正しながら生きていかなければならないのか、その適応第一主義は違うんじゃないのかという疑問が膨らんできました。

　ある医師[*]が本に書いています。自閉症の青年が離島を訪問したのですが、その島には人見知りの人ばかりが住んでいたそうです。船から降り立った青年が、港に座り込んで作業をしている島の人たちに「こんにちは！」と挨拶すると、人見知りの人たちは下を向いたまま、「なんだ、この子は？」といぶかしく思って黙っていました。でも自閉症の青年はそういう状況がよくわからず、めげることなく、毎日そこを通るときに「こんにちは！」「こんにちは！」と繰り返していました。そうすると島の人たちもしだいに「こんにちは！」と返すようになり、そこはとても賑やかな場所になったのだそうです。

---

* 青木省三『時代が締め出すこころ——精神科外来から見えること』岩波書店、2011年

また、ある心理学者は、自閉症の人が「想像力がうまく働かない」ことで「空気が読みにくい」と言われることに対して、自閉症ではない人の特徴の1つは「空気を読み過ぎる」ことではないかと述べています[**]。

これらは面白くて興味深いエピソードや視点ですが、かなり本質を突いているところがあります。「適応」とはいったい何でしょうか。

より丁寧なコミュニケーション

上に書いたような自閉症の特徴のある人が生活しやすくなるようにと、耳からだけの情報だけでなく目からの情報を提供する（視覚支援）とか、「あれ」「それ」ではなく、具体的な名前や内容を告げるとかの配慮が適切だとよく言われます。しかし、自閉症スペクトラムという診断名をもらっていない人のなかにも当然そういう特徴のある人はいて、「空気を読めない」ところは私にもあるわけです。そんなふうに発達障害がある人とない人との間には明確な線を引きにくいところがあります。だとしたらそんな線は引かずに、自閉症の人への特殊な対応の仕方ではなく、より丁寧なコミュニケーションとしてその支援を行っていったらいいのではないでしょうか。そのことによって、わかっていないのにわかったふりでうなずいたりしなくてすんだり、そのうち、みんなが今よりも空気を読み過ぎずに生きていけることにつながるかもしれません。

個別化と多様性

発達障害だけでなく、LGBTQ+（レズビアン・ゲイ・バイセクシャル・トランスジェンダー・クエスチョニング／クィア・その他）と呼ばれる性にまつわることがらなどの動向を見ていると、世の中の1人ひとりを大事にしていこうという個別化と多様性（ダイバーシティ）の流れはたしかですし、個人の自由が大切にされることの重要さを思います。また、障害者差別解消法に書かれた「合理的配慮」（1人ひとりの特徴や場面に応じて生じる障害や困難を

** 千住淳『自閉症スペクトラムとは何か——ひとの「関わり」の謎に挑む』（ちくま新書）、筑摩書房、2014年

取り除き、生きやすさを促す配慮）ももっともなことですし、それがユニバーサル・デザイン（すべての人が使いやすいように設計された環境）として発展していけばいいと思います。一次的に障害を抱えたうえに二次的にも社会的障害を重ねるようなことは、最少限であるべきでしょう。

　第2章に「いろんな人がいて世の中」として書きましたが、私には、さまざまな「他と異なる特徴」をもつ人たちのその「多様性」は、当然ながら個人の責任によるものではなく、「世の中における役割分担」として映ります。「世の中に必ずその特徴のある人がある確率でいるとしたら、私がその特徴をもつ代わりに、あなたが抱えてくれたのだ」という考え方です。

「個別化」で気になること

　1人ひとりを大切にするために、「その人らしさ」を知ろうとするのは自然な流れだと思います。そして、合理的配慮の対象となる「特徴」を知ることも、その人らしさを理解することに含まれます。そこで、その理解を促すために、ある特徴をもった人たちの「心配な状態」を表す用語や、「タイプ」の名前がたくさん世の中に出てくる可能性があります。いや、現に人をいろんなタイプに分類する試みは珍しくありません。そして、そのタイプが育てられ方によるものではなく、生来の素質だとされて人を安心させる場合も（あるいはその逆も）あるのかもしれません。

　しかし、この人は「こういう心配がある○○タイプの人」、あの人は「それとは別のこういう心配のある△△タイプの人」というように、個別化される方向で世の中が進むと、「自分は○○タイプじゃないか」、「うちの子は△△タイプじゃないか」と心配になる人が増えるのではないかと思うのです。そんなふうに個別化せず、新しい「心配」をわざわざ作り出すことなく、「いろんな人がいて世の中」ですませたほうが、私たちは心穏やかに暮らせるのではないでしょうか。

「合理的配慮」についての懸念

　気になることがもう1つあります。私は、先に述べた「合理的配慮」を

話題にするときには、「その人の障害によって配慮するべきところに配慮することが必要だということであって、障害をもった人を社会のあらゆる一般的なやりとりから保護し、その一般的なやりとりに含まれるストレスフルな事態から守るべきだと言っているのではない」という小むずかしい但し書きを付けたくなります。あえてこう言わないと、障害のある人と共にいるとき、そこに無頓着になってしまうような気がするのです。

　なぜなら、障害をもたない人に対しては、一般的な人間同士のつきあいでの配慮以上の配慮は求められていないからです。ですから、ハラスメントは論外ですが、相手とのやりとりの流れによっては反論するとか、相手が聞きたくないかもしれない指摘をすることなどで、相手にストレスを与えることはふつうにあります。そして、いわばその「無配慮」によって、その人間関係にはお互いに多様な社会的経験が与え与えられ、育て育てられることもあり得るわけです。そういう社会的経験の機会を、合理的配慮という名の下に障害のある人から奪ってはならないと思います。障害のある人の振る舞いに対して反発していても、それを隠して訳知り顔で「合理的」に対応している場合、実はその当事者双方にとっての人間関係には、「合理的配慮」だけではなく「反発や怒りのやりとり」も交わされるのが妥当な場合もあるのではないでしょうか。合理的ではないことも人間的交流の内です。

　「障害による合理的配慮を必要とする部分」と「その人のパーソナリティに大きく依存し合理的配慮を必要としない部分」を見分けて対応することは、相手が発達障害を抱えている場合などは不可能です。だとしたら、「反発や怒り」が障害をもった人の二次的障害につながっても酷なので、そんな対応はやめておくべきなのでしょうか。

　結局、個別的対応に戸惑う気持ちに揺れながらも、「訳知り」だけではない顔で「真摯」に人間関係を積み重ねるということなのでしょうね。「合理的配慮」が「壁」になることを誰も望んではいないのですから。

(3)「治す」よりも「育てる（生きる力をつける）」

不登校というつまずき

　子どもが不登校になる前は、お母さんは「あのお宅の子、不登校なんだ。うちの子も心配だわ」と思いながら、お父さんをつかまえて「うちの子は大丈夫だよね」と確認して少し安堵するのですが、実際に不登校になったら「うちの子もあの不登校になってしまった」と落胆します。そして、「行かないので行けと言ってしまったんだけど、あれは言ってはいけなかったのかしら。登校刺激をせずに見守れと本にも書いてあるしね。でもサボってるのかもしれないし黙ってるのも……。どうしたらいいのよ！」とお父さんに投げかけます。でも、お父さんもどうしていいかわからないので口ごもります。そうしてそれが繰り返されると、「相談に乗ってくれない夫」「子どものことにかまわない夫」というレッテルを貼られるかもしれません。不登校ということから始まって「これまでの子育てが間違っていたんだろうか」と、親の悩みは深まっていきます。

　こういったことは不登校に限らず、子どもに症状や問題行動が表れると家族は混乱します。でも、何かのウイルスにでも住みつかれて不登校という病気が発症したわけではなく、生きていくうえではつまずくことがあるし、それが不登校という形で表れたのだから、親としては人生の先輩として子どもをどう応援するのか、と考えてみてもいいのではないでしょうか。ただ、何かの病気やいじめなどが関係している場合もありますから、そのことへの注意は必要です。

応援するとは

　不登校になった原因あるいはきっかけと、不登校を維持している要因は異なることがあると、第4章で述べました。それにもかかわる事例をあげ、「応援」の意味をもう少し考えてみます。

＊　＊　＊　＊　＊　＊　＊　＊　＊　＊　＊　＊

子ども家庭例 19 ～明日が今日になって先延ばし

　いじめがきっかけで不登校になった場合、いじめの解消を追求すること
は大切です。しかし、いじめに関することが解決したとしても、子どもが
登校できるようになるとは限りません。

　中２の耕太の場合、本人はいじめられたと思っていたのですが、実はクラスメートから妥当な指摘を受けただけでした。でも次の日は登校する気分にならず、その日から不登校が始まりました。家にいるのも退屈になってきた数日後、「学校に行ってないんだけど、なぜだったっけ？」と、きっかけを思い出そうとしていました。そして、「行かなければと思うし、いつかは行くだろうと思うけど、明日からというのはプレッシャーがかかるよな」と思い、「ずっと休んでるんだし、べつに明日行かなければならないわけではなくて、そのうち行ったらいいんだ」と、「明日」には動きませんでした。当たり前ですが、明日になったらその日が当日になって次の日が明日になりますから、順送りです。したがって、ずっと登校できませんでした。そして２か月も３か月も経った頃には、「いきなり行ったら、友だちがどんな目で見るか不安だから」と、すっかり不登校は定着していました。

　耕太の場合、不登校を「治す」というより、不登校している子を「育てる」と目標設定したほうが適切なようでした。

＊　＊　＊　＊　＊　＊　＊　＊　＊　＊　＊　＊

　これはあくまで一例で、耕太くんはそうだったという話です。不登校している子が 100 人いれば 100 の個別の事情がありますが、不登校を総じて「生きていくうえでのつまずき」だとしてそれを応援していこうとすれば、「つまずきを乗り越え、これからの長い人生を生きていってほしい」わけです。「育てる」「生きる力をつける」というスタンスが、かかわる人たちにとっては馴染みがいいように思うのです。

「生きる力」をつける

　フリースクールや適応指導教室という名称で、子どもの居場所作りを主眼にしているところがあります。居場所があるのはとてもよいことなのですが、居場所の居心地がよければよいほど、その居場所から出られなくなる側面があります。居場所を得て安心するという段階から次へ移行するには、「心構え」だけでは足りません。

　私の知り合いのフリースクールの校長先生は、「不登校になってよかったと思えるような体験をしよう」「不登校になったからこそできることをやろう」を主眼に、さまざまな社会的活動を企画し実行しています。私の勤めていた大学を訪問し、中高生と大学生の討論会を行ったこともありましたし、社会人との交流も活発です。

　また、ある社会的引きこもりの人たちの親のグループは、子どもたちを自分たちの各家庭に相互に訪問させ、1回2時間ほどの掃除をさせてアルバイト料を支払うという取り組みをしていると聞きました。外に出てアルバイトをしろというのは敷居が高いけれど、知り合いのところに掃除に行くぐらいだったらできるかもしれないというわけです。そこまではいかなくても、「学校に行かないんだったら、家のことをしなさい」と、罰ではなく、生活体験のために家事をさせている保護者もいます。これも登校していないからできることです。

　このように社会に向けて子どもたちを育てていくときに、先のフリースクールの校長先生も保護者への取り組みを熱心に行っているのですが、保護者の力をどう引き出すか、どう巻き込むかが大切になってきます。登校できなくなっている学校にまた行けるようになりたいと子どもが思い、保護者もそう願っている場合も、ただ形として復帰したらそれでいいというものではないでしょう。子どもがそこで何を一段積み上げるのかを大切にみていく必要があります。

　あるいは転校という方法もあります。いろんなことを検討したうえで親子で転校を決め、転校したところでその子も頑張ろうとするのであれば、そ

れも１つの方法です。周囲が一般論で「転校したって何も変わりませんよ」と言い放つのも、反対に「転校したらいいんじゃない？」と安易にそそのかすのも無責任です。結論はよくある話でも検討の経過は個別でしょう。当事者が慎重にそれを決めたのなら、決めたことがよりよく展開するようにバックアップするのも関係者の責任です。もしそれがうまくいかなかったときも批判で終わるのではなく、次の展開をサポートしていく必要があります。

進路をテーマにする場合

　不登校相談だからと不登校に変化が生じるようにかかわろうとすると、無理が生じてうまくいかない場合もあるように思います。学校に行っていないという意味ではたしかに「不登校児」ですが、それ以外の部分については「ふつうの子」です。だとしたら不登校児対応だけでなく、ふつうの子への対応もしていかなければなりません。

　たとえば、もう中３で、学校に復帰したいと本人も家族も願っているのだけれど、いろんな要因があってそれはなかなかむずかしい場合があります。でも子どもは高校に進学したいと思っていて、保護者も高校進学を望んでいます。「よし、それではもう中学校に復帰するのはやめて、目標を高校進学に絞ろう」ということで、高校進学に向けてどんなふうに勉強をしていくか、塾をどう活用するのかなど、保護者と一緒に企画し実行した事例を私はいくつか経験しました。誤解しないでほしいのですが、不登校という歴史を消して進学できたらそれでいいのだという話ではありません。進学をする、進学をさせるという具体的な取り組みを通して子どもの育ちや、保護者による子育てをサポートするのです。

　「中学で不登校だった子が高校に受かったって、また高校で不登校になるのは目に見えている」という言い方をする人もいますが、中学校には行かず高校には通い続けている子を私は知っています。高校に行って不登校になる可能性は中３全員がもっているし、高校卒業の確実性など誰に対しても保証できません。誰に何が起きるのかわからないなかで必要なことは、高校に行きたい子には行けるように後押しすることなのだと思います。

よかったと後から思える今を作る

　それから、こういう話もあります。お父さんが自営業で経済的に余裕があり、時間的にも余裕があったからできたことなのですが、子どもが不登校だからこそできることだと、子どもを外国のあちらこちらに連れて行きました。「お前は学校の人間関係で悩んでいる。世界にはいろんなところがありいろんな人がいるけど、みんな地に足をつけて頑張ってる。お前の悩んでいることは小さいことだろう？」という体験をさせたいのが動機だと、そのお父さんは語っていました。

　そこまでいかなくても、できることはあります。それこそボランティアです。ボランティアを無理にさせるのはボランティアでも何でもありませんが、不登校の子にはいろんな体験をできる時間があります。子どもにとっても親にとっても、不登校をしていてよかったな、頑張ったな、新しいことが見つかってよかったな、あれはうまくいかなかったけど乗り越える力がついたな、俺らも親としてちょっとしたことで動じなくなったななど、そんなふうに後から思える今をどう作ることができるのかという側面があると思います。

（4）非行や犯罪少年の心理特性などを問われて

親たちの戸惑い

　私は、少年院入所中や保護観察中の少年の親たちの集まりに同席したことがあります。親たちは、子どもの犯罪を、自分の育て方が原因だと捉えていたり、そうした周囲の目に戸惑っていました。また、子どものこんな行動にどう対応したらいいかという質問に、こう対応したらいいですよと簡単には答えることのできないような、起きていることのすさまじさを感じました。

　たしかに、非行や犯罪の原因として子育てはテーマになりますし、そのような考え方は誰にも馴染みやすいと思います。でも「そう考えられる」ことと、それが真実であることとは異なります。本当に大変な状況に置かれた人

たちを前にして、私たちはさも真っ当な子育てのできる完璧な人間のふりを
して、あるべき道を示すことなどできません。できるとしたら、それはわか
らないことをわからないとすることのできない私たちの弱さかもしれません
し、他に考える筋道をもち合わせていないからかもしれません。非行や犯罪
の当事者である親たちが子育てが原因であるとして責められ、過大な課題を
背負わされるようなアンフェア（不公正）さを思いました。

少年への指導の落とし穴

　少年の性格や心の状態が非行や犯罪の原因だとして、それを指導の対象に
するときの落とし穴もあります。

　「こうしなくてはならない」とあるべき価値を少年に伝え、少年の心を正
そうとする場合を考えてみます。「べき論」は誰にとっても「言うは易し行
うは難し」です。そして「こうしなければならない」と求められる価値が、
犯罪とは無縁の子どもでも達成できないような高度なものであったりすれ
ば、なおさら、そんな人格の改善は自分には無理だと思う少年は、さらに自
分の価値を下げてしまいます。また、高尚な言葉を投げかけられて指導され
ている場面では、価値がないように思える自分の中のリアルな思いを表現す
ることはなかなかできません。そして聞かせてもらえなければ検討されるべ
き内容も検討されずじまいですし、少年が価値がないと思い込んでいる自分
の思いの中に実は価値が潜んでいたとしても、それが評価される機会は失わ
れてしまいます。

みんなストーリーを作っている

　私たちが少年を指導する立場にあった場合、少年についての情報があれ
ば、その少年がどんな人であるかを説明できるようなストーリー（物語、筋
道）を組み立て、指導に生かそうとします。「こういう家庭環境に育ったから、
こういう意識を身に付けそこなって、それで……」というふうにです。ただ
し、ストーリーはストーリーであって真実ではありません。そして、少年の
中にも少年なりの自分についてのストーリーが、どれだけ明確かどうかと

もかく描かれているはずです。そこには、なぜその罪を犯したかだけでなく犯したことのその後への影響も含まれているでしょうし、自分の能力や家族に関する思いもあることでしょう。その指導者と少年の2つのストーリーがあるときに、えてして指導する側のものが優先され、なかなか聞かせてもらえない少年側のストーリーは、結果的に重視されないことが多くなってしまわないでしょうか。

でも、さまざまな困難を抱えながらその後を生きていかなくてはならない主役は少年です。まず、その少年が自分のストーリーをたどたどしくても話すことができるのか、聞き手はそれをどう尊重できるのか、尊重したうえで大事なところをどのように一緒に修正していってあげられるのか、少年をいかに支えれば少しでも勇気を育むことができるのか……そこが重要ではないでしょうか。

決めつけない

「少年の非行に至るメカニズムや心理特性」について書かれた本はたくさんあります。そこに書かれた分析と見解は、目の前の少年に対してよりよい援助者になっていこうとするときに、少年についての想像力をかきたてるための参考になります。非行や犯罪の背後にあるいろんな要因に目を向けさせてくれるのです。想像力は「思いやり」ですし、あくまでも想像ですから少年のことを決めつけないことにつながります。「そうかもしれないけど、そうじゃないかもしれない」です。ところが、本に書かれていることがこの決めつけないための材料に使われればいいのですが、間違って扱われ、決めつけるための材料になってしまうといけません。なぜなら、繰り返しますが、本に述べられている分析と見解も真実ではなくストーリーだからです。

少年の心は動いている

私は、ずっと児童相談所で非行少年にもかかわってきた実務家です。ですから、少年を静止したモデルとして描写するよりも、私とのかかわり、そして家族や社会とのかかわりの中で動いている少年を描くことのほうが、ピッ

タリときます。そして、そこで垣間みえるものがほかでもないその少年の「メカニズムや心理特性」だとして、見ていきたいと思うのです。

* * * * * * * * * * * *

子ども家庭例 20 〜施設に行くことに決めた

仁美は、私の横にお母さんと隣り合わせで座っていました。深夜徘徊や不良交友で施設入所が検討されていました。

お母さんにはつきあっている彼氏がいます。でもその彼氏と仁美はうまくいきません。お母さんは彼氏をとるのか仁美をとるのか決断しなければならないところまで追い詰められていました。

仁美はお母さんの様子をうかがっています。お母さんは口を開きました。母「あの人が嫌なの？　一緒に仲良く暮らせない？」。仁美「……」。母「よくしてくれてるのにね。子どもだね」。仁美「……」。母「そうか、このままだったら施設に入るのも仕方ないんじゃない？」。仁美「……」。母「……」。仁美「私、施設に行く」。

私は、お母さんの思いを読み取り、自分は何をとり、何を諦めるのか、鋭く、そして優しく決断した、仁美の哀しさと強さを思いました。

* * * * * * * * * * * *

子ども家庭例 21 〜父と自分の名前を並べて書いた

不良グループのリーダーである純子のお父さんはノイローゼ気味で、身体も壊していました。純子のことにもノータッチで、お母さんが 1 人でいろんなことを切り盛りしていました。

そのお父さんと純子に、面接室で一緒に「家族で何かしているところの絵」をクレヨンで描いてもらいました。

純子「エーッ!?　描けるわけない！」。お父さんは腕組みをして黙ったままです。純子はお父さんを時々見ながら下を向いて手遊びしています。父「何を描こうか」。純子「何もないもん」。父「何もないといっても……」。またずっと無言です。

父「海水浴に行ったなあ」。純子「貝を焼いて食べたとき？」。それをきっ

かけにどうにかお父さんの手が動き始めました。父「あんたも描かないと……」。純子がとってもいい笑顔を見せ、お父さんの絵の内容にそって描き始めました。

　純子「できた！」。父「なかなか描けなくて……」。

　すると、置いたクレヨンを純子がもう一度手にしました。そして、お父さんの名前と自分の名前を並べて画用紙の隅に書いたのです。

　この描画場面は、一言でいえばとても「ぎこちない」ものでした。お父さんは絵が描けずに本当に困っていました。そんなお父さんを純子はとても気遣っていました。学校ではボスになっている純子が、自分は脇役でお父さんにお父さんの仕事を与えてあげているようにみえました。お父さんのリードにしたがい笑って口や手を出し、そんな父娘の姿がとても印象的でした。2人の名前を並べて書いたときの純子は、少しだけ誇らしかったのだと思うのです。

＊　＊　＊　＊　＊　＊　＊　＊　＊　＊　＊　＊　＊

（5）相談されて考えたこと

思春期とは……

　赤ちゃんは産まれ出るまでお母さんのお腹のなかで守られていて、そしてお腹から出て臍の緒を切られ、思いっきり孤独になります。もちろん、赤ちゃんには自分が不安だとはまだわからないので、その不安に押しつぶされることはありませんが、それが人間の根源的な不安なのだと言った心理学者がいました。それ以降ももちろん生きていくうえでいろんな不安に出会いますが、思春期の不安が2番目にぶつかる大きなものではないでしょうか。

　14歳のときのことを67歳の私が思い出すのですから、ずいぶん脚色されているでしょうが、嘘ではありません。私には6歳上と4歳上の兄がいますが、私が14歳の頃は兄は20歳と18歳です。2人とも大学生でとても立派に見えました。「俺なんか成績は散々だし、絶対大学になんか行けない。

あと6年経ったら成人になるんだとしても、俺にそんな力なんか全然ない。俺の人生どうなるんだ！」みたいな気分になって、ワーッと頭を抱えたのを覚えています。ですから、大なり小なり、そういう年頃ではそんな気分に陥るのかなと思います。

　それから、私には女性の身体の変化についてはわかりませんが、男性の変化はわかります。びっくりします、いろいろなこと……。

　小学生の頃も親や先生に不満があったりはしますが、基本的に大人には従うという枠のなかで心理的に安定しています。でも、思春期になって、それまで基本的に信じてきたものが崩れてくるのです。「親は偉そうに言うだけで信じられない。子どもにはするなと言ってたのに、自分らは隠れてやってるじゃないか」「学校の先生は伝記とかの本を読めなんて言うけど、この間、担任の先生、あそこの本屋で隠しながら見てたあの本、何だったっけ？」。

　これまで当たり前だと思っていたものや信じていたもの、すなわち自分が依存していた基準みたいなものが崩れ始めますから、代わりの頼れる枠組みが必要になってきます。でも、それは自分の内にも外にも見つかりません。親に頼ろうと思ってもいい加減で頼れないし、先生の言うことを聞いてもちゃんとこれから生きていけるのかわかりません。口では「俺は俺でやっていく！」と勇ましいことを言っても、実際には「俺に何があるというんだ？何もない」とがっかりします。そんなふうに、子どもは子どもなりに自分の内側も見えているし、外側も見えているものなのだろうと思います。

一度だけの万引き

　私は児童相談所でいろんな相談にのってきました。いわゆる触法少年の相談もあります。14歳未満の子がわるいことをして警察に捕まったら児童相談所に通告書が来るので、親子を呼び出して面接します。万引きという触法行為は結構あって、繰り返している子はそれはそれで課題がありますが、一過性、つまり初めて万引きして捕まったけれど繰り返しはしない子もいます。心の中を実際に見ることはできませんから推測なのですが、その子たちの場合は、やはり思春期と関係があるように思います。これまで「世の中はそう

いうふうになってるんだ。それは守らないとダメだ」と思って守ってきた子が、「そんなことないじゃないか。誰もいい加減で守っている人はいないし、守るべきだと言ってる人自身がいい加減。何でもありだ」「万引きはみんなやってるよ。見つからなかったらいいんでしょ。なぜ僕だけしたらダメなのよ?」というような考えで行為に及んでしまいます。

　万引き対応、万引き治療で一番大切なのは何かというと、べつに警察まで行かなくてもいいし、行ってもいいのですが、捕まることです。捕まって世の中から叱られ、世間は甘くないのだと学ぶのです。やらなければよかったかもしれませんが、前科がつくわけではないし、よい経験をしたのだと思います。

優しい子どもたち

　「うちの子には反抗期はありません」と言う人も結構いますが、ないように見えても心の中では反発していたり、今までと違う見方が自分の中で起きていることについては気づいていたりするものです。「仲良し親子」のことが話題になります。私たちの中学生時代は"母親と並んで歩くなど死んでも嫌だ"と思っていましたが、今は平気で(?)手をつないだり腕を組む人たちもいます。今の子どもたちは優しいです。大学生を見ていても友だちとあまり争いません。相手とうまくやることに心を注いでいるようで、親ともうまくやります。「お前と一緒には歩いてやらないよ」と言えば親が傷つくから、傷つかないように気を遣ってくれているという側面も少なからずあると思います。仲良くしているほうがエネルギーを使わずにすむから楽だという感じもあるのではないでしょうか。

反抗期の子どもとどうつきあうか

　最近は「くそばばあ」とはあまり言わないでしょうか。昔から聞き慣れた言葉です。「○○ハラスメント」と言われないように気をつけなければなりませんが、ここでは例として使うことを許してください。

　子どもたちが「くそばばあ」と言う場合、考えるのが面倒くさいことやうっ

とうしいことを、その言葉で追い払っているような感じがあるのではないでしょうか。そして、「くそばばあ」と言ってからお母さんの顔を盗み見て、ケロッとしていたら「はあ？」と拍子抜けしたり、聞こえなかったのかなとちょっと安心したりするかもしれません。逆に、覗き見したらお母さんが向こうを向いて涙をぬぐっているように見えて慌てたり、でもフォローするのもちょっと恥ずかしいから、プイと向こうに行くようなこともしているんだと思います。それは昔の子だけでなく今の子もです。

2つの遊び方

　子どもが大きくなって反抗するのは異常だという人はあまりいないと思いますが、「よい子だったのに親に反抗するようになって、何か悪いことが起きているんじゃないか？」と思う親の気持ちもわかります。「わるいことじゃなくて、よいことが起こっています」なんて評論家的に言われても、「いや、ウチの子の場合は例外だったら、どうしてくれるのよ」と不安にかられます。しかし、「くそばばあ」なんて言うのはエネルギーがいるわけですから、子どもが元気なことは間違いないと少し安心できるなら、次のようなことを試してみてはどうでしょうか。

　せっかく子どもが反抗してくれているわけですから、それにこちらも反抗してやって、今のそういう時期を楽しむという案です。「くそばばあ」→「くそがき」。決していい気分ではないかもしれませんが、戦争をしかけられたら戦争をです。国際関係などではそれはダメですが、子育てではそれも1つの手です。反抗しがいのある親の顔、反抗できる親の元気な顔……どこかで述べましたね。「僕がこんなひどいことを言ってもケロッとしている。うちの親はまだ大丈夫だな」と安心するかもしれません。でも、言い過ぎややり過ぎはそういう「ゲーム」の暗黙のルール違反です。「お前が反抗期だということはわかっているけれど、それはちょっとやりすぎだ。反抗期の子と親でゲームしてるんだから、ルールは守れ。ゲームだという確認なんかはしてないけど、お前、それくらいはわかるだろ」と思えて伝える余裕があれば、それに子どもは心のどこかで安心するかもしれません。

2つめは、子どものアテを外し、でも不安定にもさせない方法です。これはちょっと"漫画チック"でやりにくいかもしれません。「くそばばあ！」→「おっ、今なんて言った？」→「くそばばあって言った！」→「いやあ、よかったわ。反抗期の定番じゃん、くそばばあっていうの。それが言えるようになった。よく育ったね。子育ての成功だ！」「今ちょっと嬉しかったわ。もっと言って。もういっぺん、くそばばあって言って。それそれ、その耳触りがたまらない！」。アテを外すというのは、「くそばばあ」と言った子どもは、そんなふうにお母さんから返ってくるとは思わないということです。子どもがなりゆきを予測して準備しているのは、「なんだって!?」とお母さんが怒り、それに言い返すための「くそばばあだから、くそばばあなんだよ」というセリフです。でも「もっと言って」なんて言われるとアテが外れます。

　「反抗」について「くそばばあ」しか書きませんでしたが、もちろんいろんな反抗があるし、無視・寡黙の類いもあります。親はしんどいし疲れるでしょう。でも、他人には同じようには見せないその態度や言動は、やはり相手が親だからなんでしょう。自分が親からどう見えているかの想像力は働いていると思いますから、それでも出てしまうメッセージのなかに、自分が育つこと、一人前の大人になっていくことへの不安や戸惑いが含まれていることを、自分自身でも感じ取っているのではないでしょうか。

不当なクレームへの対応

　相手のアテを外すのは、たとえば不当なクレームへの対応にも有効です。たとえば「体育の授業で雨が降ってるのにラグビーなんかさせるから、体操服が泥だらけになったじゃないですか。学校で汚れたんだから、学校で先生たちが洗ってくれますか！」というクレームがあったときに、先生たちは「ええ?!」という顔をしただけで相手に主導権をとられてしまいます。クレームをつけている人は、自分がこんなことを言ったら相手は嫌な顔をするとわかっているし、そういう反応があったら「だってそうでしょ！」と攻勢を強める準備をもうしているからです。「学校で洗ってください」→「そのことを気にしていらっしゃるんですね。大事なことだと思いますから、詳しくお

話を聞かせてもらえますか？　ちょっとお座りになって……」と応えられた
ら、そんな対応をされるとは思ってないのでアテが外れ、「えっ、ええ……」
と勧められた椅子に座ってしまうかもしれません。「学校で洗ってください」
→「お聞かせいただけますか？」と応えるのは、ある意味で負けるが勝ちみ
たいなもので、主導権は応えた側に移ってきます。主導権をとられた相手は
「体操服が泥だらけで、これだけ別に洗うなんて面倒くさいことを！って腹
が立ったんです。家で洗うのがふつうだということはわかってるんですけど
ね」と、自分から引き下がるかもしれません。

スマートフォン

　子どもの話に戻します。スマホについては状況が速いペースで変わってき
ていて、中学生にもたせるのかどうかの議論は昔の話です。今は安全のため
に小学校に上がったらもたせる・もたせないをへて、どう使わせるのかに焦
点が移っています。ここで述べる内容は少し古いかもしれませんが、新しい
便利なものはこれからも次々に子どもたちの生活に入ってきます。何の参考
にもならないかもしれませんが書いておきます。

　「お母さんはスマホみたいなそんな高価なものは小学生には要らない、遊
ぶばっかりだって思ってるようだけど、スマホでいっぱいいろんなことが調
べられるのよ。うちの百科事典、誰も開かないでしょ。言葉の意味なんてス
マホで調べてるんだけどね」→「そうなの？　それじゃあ買ってあげるわよ。
でも、あなたが勉強で使ってるの見たことないけどね」→「そういうことも
するの」→「でもゲームばっかりじゃない」。スマホをめぐっていろんなや
りとりがあるだろうと思います。買うのがよいのかわるいのか。買ってあげ
なければ、「みんなもっているのに、僕だけ……」「お父さんとお母さんは私
たちのことをわかってない」「僕らの人権をどう思ってんの？」と責められ
ます。

　私の娘が中学生の頃に「スマホ買って」とねだり、私は妻と1年待たせ
ようと合意していたつもりがありました。ところが、私のいない昼間の娘と
妻とのやりとりで「スマホ、すぐに買ってあげる」という話になったらしい

のです。仕事から帰った私に「買ってもらうことになった」と娘。妻に「1年待たせるって話だったよな？」。妻は「この子がいろいろ言うから買うことになったの！」と大爆発で、「あんた、気楽にいろいろ言うけど、母親は大変なのよ！」ともう大変でした。そうなれば火に油を注ぐことを避けるだけです。「申し訳ございません」と引き下がりました。でも、私と妻の言い争いを見ていた娘は、泣きそうになって「スマホ、もう要らないから」と言いました。結局は買ってあげましたが。

　つまり、スマホ1つでいろいろなことが起きるわけです。どこの家庭でも起きることだから、それでよければそれでよいのです。でもそれでよくなければ、子どもたちの現実をわかっていない負け親という汚名を返上する必要があります。子どもたちの現状はわかっているけれども、この点はこの理由で約束してほしいと理解を求めることもときには重要になります。「買ってあげるけれども○時から○時までしか使わせないよ。利用量にもリミットをつけるよ」と、親は子どもに譲歩しながらもコントロールしようとします。でも子どもたちは自分の思いが100パーセントどころか20パーセントでも通らない部分があれば、子どもたちの現状をわかっていない親だと批判を続けますし、そういう武器をずっともっています。それからまたお母さん1人がやかましく言っても、「お父さんはお母さんと違ってもっと柔軟だよ」「お父さんはわかってくれてる」という武器ももっています。それが事実でも嘘でも子どもにとっては有利な武器で、お母さんも「もしかしてそうかも。あの人は甘いから」と、すっかり嘘も事実になってしまいます。

　親は、スマホのお金を出すのは他でもなく親なんだという切り札は温存しながら、子育てに悪戦苦闘するしかありません。……私としてはそう「評論」するしかなく、それぞれの家庭で頑張ってもらわないとしょうがありません。親も子も時代のなかで翻弄されます。親が子を見ているのと同じように、翻弄されている親の姿を子どもたちはちゃんと見ていそうです。そして、心の中で思っていることは私たちが思っている以上に複雑かもしれません。

　スマホとは無関係ですが、朝日新聞の「声」欄に掲載された、14歳の中

学生男子からの「母の晩飯がまずくなる理由」と題した投稿[*]を取り上げます。

　　　最近、母の晩飯がまずくなってきました。唐揚げの色が薄くなり、味も薄
　　くなりました。カレーの具が雑に切られていることもあります。そこで僕は
　　母を観察してみました。母の行動を見て、何が料理をまずくしているのか、
　　自分なりに分析をしてみることにしたのです。そしてついにその原因がわか
　　りました。それは料理をする前に兄と喧嘩をすることでした。喧嘩の理由は
　　高校1年の兄がラグビー部の練習を終えて帰宅後、リビングの床で泥だらけ
　　の状態で寝転がることです。「母が邪魔、起きなさい」「どいて」などと注意し、
　　兄は「疲れているし、いいやんか」と毎日のように喧嘩をします。だから僕
　　は母をなるべく傷つけず、積極的に料理の手伝いをしています。

平気で隠す

　「中学生の息子に『なぜそうしたの?』と尋ねると、訳のわからないこと
を言って平気でごまかすのです。そんなことでいいのでしょうか。もう少し
突き詰めてわるかったことはわるかったと謝らせる必要があると思うのです
けれど、どうなんでしょう?」と、お母さんは悩んでいました。

　ことによるとは思うのですが、次のようなことを思い浮かべました。相手
から指摘されている点が自分にとって都合がわるいとわかっているから平然
を装う、つまり平気だという演技が伴っていないと怪しまれるからそうする
ということは、私たちにもあります。だとしたら、「おっ、能力を発揮して
いるな」とほめたくなるかもしれません。本心を隠すのはわるいことみたい
に思えますが、隠さずに全部あからさまにするのは未熟な子だとも言える場
合があるのではないでしょうか。親に心配させないように隠しているのかも
しれません。隠されたときはカッとなりますが、後から振り返ったときに子
どもの気遣いに思い当たることがあります。

---

[*]『朝日新聞』2016年10月7日朝刊

やりたいことなんかない

　次は、「『高校進学する意味なんてあるのか？　俺は高校には行かない』と言ってるんです。『やりたいことないの？　やりたいことをやりたいなら高校に行っておかないと』→『やりたいことなんかないもん』。こんな無気力なことでどうするんでしょう？」という悩みです。

　今、子どもたちのなかで、進学する意味が実感としてわかっていたり、やりたいことが見つかっている人が果たしてどれくらいいるのでしょうか？多分そんなに多くはないと思います。多くないのがダメだと言っているのではありません。小学生であれば「僕は○○になるんだ！」と言いますが、それはまだ幼いからです。年齢をだんだん重ねてくると、自分の目標がわからなくなってきます。それは当たり前で、能力です。

　大学生のなかには、「ただ入学した」という人もたくさんいます。私は、「ただ来たけど、来たのは偉いよね」と返します。中学、高校でずっと不登校をしていたり、大検（現在は高卒認定試験）を受けてきた人もいます。彼らも頑張っています。もちろん大学の講義に出席しない人はいますし、そんな人の家庭訪問を担任としてすることもありました。カウンセラーになりたいから心理学科に来たという人も多くいますが、カウンセラーになるのは少数です。「カウンセラーになる力が自分にはないと思う」場合もあるでしょうし、「なぜカウンセラーなんかにならなきゃいけないんだ」というふうに思ったりもするでしょう。私はそういった考えに彼らの成長を感じることがよくあります。世の中にはたくさんの仕事があるのに、カウンセリングみたいな特殊な仕事をわざわざ選ばなくてもいいと思います。

　大器晩成ということもあります。何気なく大学に入ったけれど、卒業する頃になってやっとやりたいことを見つけた人もいます。卒業後に看護師になる勉強を始めたり、社会福祉関係の資格をとるために頑張っている人もいます。ですから、いつどうなるかわからない、1人ひとりのプロセスがあるんだなと思うことがよくあります。

　世の中から思い込まされている価値観がいろいろあって、その価値がリア

ルでないことを子どもたちは実は理解しています。古いフレーズですが、「よい学校に入ってよい会社に入りなさい」と言われてもよくわからないし、反発するしかありません。何かこういうふうになりたいと思っていることがあったとしても、何もないよとクールにならざるを得なかったりする場合もあるのだと思います。

自主性

わが子に「自主性をもってほしい」という親の願いもよく聞きますが、親の願いを叶えてもってくれた子どもの自主性は自主性ではありません。「他主性」です。自主性をもてと言われて反発できる子はいいですが、反発する力も萎えている子は、「僕は自主性のないダメな子だ」とまた元気がなくなります。なかなかむずかしいところです。

(6) 情報提供

里親になりたい人のために

里親は社会的養護の1つの形態で、一般家庭に社会的養護の必要な子どもを預かってもらう公的な制度です。

里親になりたい人は、自分が住んでいる地域を担当する児童相談所に相談します。児童相談所のソーシャルワーカー（児童福祉司）が対応してくれますが、詳しくお話を聞き、家庭訪問も通して、家族が子どもを養育するのにふさわしい人たちか、家の経済状態や物理的環境が子どもの安全・安心を守れるかなどを調査します。そして、その結果が社会福祉審議会というところで審査されます。

里親として適切だとの審査結論が出れば、知事（政令指定都市の場合は市長）が「認定」し、認定された里親は里親に関する「研修」を受けることになります。そして、児童相談所に「登録」がなされ、子どもが実際に「委託」される機会を待つことになります。

委託に関しては、児童相談所の会議で里親委託が適していると判断された子どもに、里親の特徴からその子どもを養育するのがふさわしいと思われる里親候補が照合され、一組が特定されます。

そして、マッチング（里親と里子の適合性の確認）期間を経て、実際に子どもを委託された里親には、子どもにかかる生活費や教育費、里親手当が支給されます。医療費は公費負担で、里親損害賠償責任保険に加入することになります。なお、委託後も児童相談所から指導を受けます。

里親の種類

里親には「養育里親」「専門里親」「養子縁組希望里親」「親族里親」の4種類があります。

養育里親は、子どもを健全に育てる条件が整っていることが必要で、実子等をあわせて6名まで養育できます。5年たてば里親資格そのものについて更新しなければなりません。

専門里親は、養育里親や児童福祉事業に3年以上従事した経験のあることが必要で、委託は2人まで(実子等をあわせて6名まで)、期間は2年までとなっています。より対応のむずかしい子どもの養育を担当することになります。

養子縁組希望里親は、将来、子どもと養子縁組をする希望をもっている里親で、条件は養育里親と同様です。この里親は、特別養子縁組（原則15歳になるまでに申し立て、認められれば戸籍上は実子同様の扱いを受けます。里親宅で一定期間養育された経過が申し立ての際の要件となります。なお、この原則15歳未満の申し立て期限は2019年に法改正されたもので、それまでは原則6歳未満でした）を希望する場合が多くなっています。

親族里親は、両親などの保護者が死亡や行方不明、拘禁等の理由で養育ができなくなった場合、その保護者の状況が改善・回復し、子どもと生活ができるようになるまでの間（18歳あるいは20歳まで）、養育にあたります。この里親については、民法で3親等以内の親族に扶養義務が課せられてはいますが、子どもにとってより身近な親族による養育のメリットを考え、経済的支援をできることもあって里親化されました。

第 6 章の関連文献

川畑隆「臨床心理学的地域援助の身近な題材」『人間文化研究』第 38 号、京都学園大
　　学人間文化学会、2017 年……（1）（2）
同「家族への支援——保護者が少しでも勇気づけられるために役立つこと」（「精神保
　　健福祉夏期講座 2017 での講演録）『ふくおか精神保健』第 63 号、福岡県精神保
　　健福祉協会、2018 年……（1）（2）（3）（5）
同「少年の心は動いている」『更生保護』第 61 巻第 8 号、日本更生保護協会、2010 年
　　……（4）
同「子ども家庭福祉を見渡す——子どもと家庭がより健全に育まれるために」川畑隆・
　　笹川宏樹・宮井研治（編著）『福祉心理学——福祉分野での心理職の役割』ミネ
　　ルヴァ書房、2020 年……（6）

＜参考になる本の紹介＞

①団士郎『不登校の解法——家族のシステムとは何か』（文春新書）、文藝春秋、2000 年

②同『家族力×相談力』（文春新書）、文藝春秋、2008 年
→漫画家・家族療法家の著者が、不登校相談に限らず相談場面で出会ったいろんな家族の姿を紹介しています。

③同『対人援助職のための家族理解入門——家族の構造理論を活かす』中央法規出版、2014 年
→同じくさまざまな家族を取り上げ、その構造（仕組み）を中心に解説しています。

④川﨑二三彦『児童虐待——現場からの提言』（岩波新書）、岩波書店、2006 年

⑤同『虐待死——なぜ起きるのか、どう防ぐか』（岩波新書）、岩波書店、2019 年
→児童相談所の児童福祉司でもあった著者が、児童虐待についてわかりやすく書いています。

⑥川畑隆『教師・保育士・保健師・相談支援員に役立つ子どもと家族の援助法——よりよい展開へのヒント』明石書店、2009 年
→本書の「はじめに」で紹介した本です。10 年以上前のものですが、内容はそんなに古くないと思います。

⑦同（編）笹川宏樹・梁川惠・大島剛・菅野道英・宮井研治・伏見真里子・衣斐哲臣『子ども・家族支援に役立つアセスメントの技とコツ——よりよい臨床のための 4 つの視点、8 つの流儀』明石書店、2015 年
→「アセスメント」に関する 8 つのテーマを取り上げていますが、家族のことについても詳しく書かれています。

⑧宮井研治（編）川畑隆・衣斐哲臣・菅野道英・笹川宏樹・梁川惠・伏見真里子・大島剛『子ども・家族支援に役立つ面接の技とコツ——〈仕掛ける・さぐる・引き出す・支える・紡ぐ〉児童福祉臨床』明石書店、2012 年
→サブタイトルにもあるようなさまざまな面接について、具体的な事例をあげて

書かれています。

⑨早樫一男（編著）『対人援助職のためのジェノグラム入門——家族理解と相談援助に役立つツールの活かし方』中央法規出版、2016 年

    →ジェノグラム（家系図）についてわかりやすく書かれた、日本では数少ない本です。

⑩滝川一廣・内海新祐（編）『子ども虐待を考えるために知っておくべきこと』日本評論社、2020 年

    →データにもとづいて、今の児童虐待防止活動をよりよい方向に向けていこうという、意欲的な本です。

おわりに

　最終章までたどりつきましたが、書きながら自分の考えを整理することができたように思います。そして、とくに第5章第4節の「子ども虐待に関して考えたいこと」や、第6章第1節の「対策が他の不都合を生じさせていること」と第2節の「発達障害などをめぐって」では、読者のみなさんに私の考えをぶつける感じになってしまった感があります。ぶつけられて嫌じゃなかったでしょうか。

　私がぶつけたかったことは、本文の内容を繰り返しますが、「『これがダメ』だから『これを禁止する』という単純な図式や大雑把な見方だけで切り取るようなことが、虐待のことだけでなく世の中に溢れているように思う」という違和感だと要約できるように思います。

　読み返すと「書くことを躊躇している」という表明もあって、「それなら書くなよ」と自分でツッコミを入れたのですが、それでも書きたかったのですね。自分で自分のことを評論するのも変で大層なのですが、書いた内容も躊躇するところも、私は日本人なんだなと思いました。

　それに67歳という私の年齢の影響もあるでしょうか。でも、事例についての検討会などで私の見解が役に立ったと言ってもらったこともありますから、それなら日本人の事例であることと私の日本人的なところとがマッチした部分もきっとあったわけで、単なる年寄りのこだわりということにしなくていいかな、と少し自分をもちあげたりしています。これは私のささやかなエイジズム打破でしょうか。

　さて、学校でのいじめや、委員のみなさんがかかわるかもしれない社会的ひきこもりのことなどには、少し触れたぐらいですませました。私はそれらのことに直接かかわった経験がほとんどないからです。

　インターネットやSNSにかかわることも、あまり詳しくないので、述べ

ることが頭に浮かびませんでした。

　自殺についても取り上げませんでしたが、こんなことがかつてありました。児童相談所で私が担当していた子どもが自殺したのです。不登校の中学生でしたが、家族全員に来てもらって面接を続けていました。家族に関する特徴的なエピソードは聞けましたが、手をつけていく的がなかなか絞れないままでした。それで家族合同面接は中断し、子ども１人との面接と両親面接を並行して行う形に切り替えました。その子が亡くなったのは、仕切り直した最初の面接の後でした。

　衝撃を受けた私たちは職場で話し合いました。その場で私は、私たちがとても信頼している精神科医から、「今あなたに言うのはきつすぎるかもしれないけど、家族合同面接をやめたことが死にたいと思ったこととつながっている可能性はない？」と問いかけられました。私は家族合同面接を役に立てられそうになかったのでやり方を変えたのですが、その子には好ましくない家族の現状を児童相談所が変えてくれるかもしれないという期待があったのに、相談所がそれをやめたから絶望したんじゃないかというわけです。もちろん医師はそのことを糾弾しようとしたのではなく、真摯な話し合いのなかでの発言でした。私は、そういう側面は否定しきれないと思いました。私たちは家族の重要さを知っていたつもりですが、その子にとってはただ単に大切という以上の計り知れない存在だったのではないでしょうか。子どもにとっての家族でいるということの重大さをあらためて思いました。

　子ども虐待については、かなり突っ込んで述べることになりました。マスコミなどでもよく取り上げられ、国民的課題になっています。

　子ども家庭にかかわる関係機関については、「はじめに」と「参考になる本の紹介」⑥でも取り上げた拙著の最後の章で、私なりの解説を付けて紹介しています。よければそちらをご覧ください。

　というようなことで、民生委員・児童委員、要対協のメンバー、自治体や民間の支援者、住民、その他のみなさん、読んでいただいてありがとうございました。みなさんの活動や業務の、そして子ども家庭のさまざまなことに思いをめぐらせるときの、お役に立てる部分があったとしたら幸いです。

研修講師の機会をくださった民生委員・児童委員関係のみなさん、地域で「子ども家庭の理解と支援」を考える場に私も入れてくださっているみなさん、志を長年ともにしてきている「そだちと臨床研究会」のみんな（「参考になる本」⑦⑧の著者たちです）、本書の原稿を繰り返し読み率直なコメントをくれた妻・貞子、最後に、貴重な助言とともに本書を丁寧に作ってくださった明石書店の深澤孝之さんと村上浩一さん、ありがとうございました。

2021. 初秋

川畑 隆

[著者紹介]

川畑 隆（かわばた たかし）

同志社大学で心理学を学び、京都府の児童相談所に28年間勤務した後、2006年に京都先端科学大学（当時、京都学園大学）の教員に転職、2020年に退職（京都先端科学大学名誉教授）。2021年から京都橘大学健康科学部特任教授。専門は児童福祉や教育分野等における対人援助。1992年から子ども家庭相談実務経験者の心理職8名からなる「そだちと臨床研究会」に所属。臨床心理士。著書に『教師・保育士・保健師・相談支援員に役立つ子どもと家族の援助法——よりよい展開へのヒント』（明石書店）などがある。

Eメールアドレス：TQJ01426@nifty.com

要保護児童対策地域協議会における
子ども家庭の理解と支援
——民生委員・児童委員、自治体職員のみなさんに伝えたいこと

2021年11月12日　初版 第1刷発行

著　者　川　畑　　　隆
発行者　大　江　道　雅
発行所　株式会社 明石書店
〒101-0021 東京都千代田区外神田6-9-5
電話03（5818）1171
FAX 03（5818）1174
振替　00100-7-24505
https://www.akashi.co.jp/
装　丁　明石書店デザイン室
印刷・製本　モリモト印刷株式会社

（定価はカバーに表示してあります）　　　　ISBN978-4-7503-5284-8

子ども・家族支援に役立つ
アセスメントの技とコツ
よりよい臨床のための4つの視点、8つの流儀

川畑隆 編著
笹川宏樹、梁川惠、大島剛、菅野道英、宮井研治、伏見真里子、衣斐哲臣 著

◎2200円／A5判／並製

その子どもや家族にどんな支援が必要かを見極めるためにはアセスメントが重要。どんな点に留意してアセスメントをすればよいのか、アセスメントからどんな支援が組み立てられるのかを児童福祉臨床のベテランたちが語りつくす。

ワークで学ぶ 子ども家庭支援の包括的アセスメント
要保護・要支援・社会的養護児童の適切な支援のために
増沢高著
◎2400円

市区町村子ども家庭相談の挑戦
子ども虐待対応と地域ネットワークの構築
川松亮編著
◎2500円

子ども支援とSDGs 現場からの実証分析と提言
五石敬路編著
◎2500円

必携 市区町村子ども家庭総合支援拠点スタートアップマニュアル
鈴木秀洋著
◎2200円

すき間の子ども、すき間の支援
一人ひとりの「語り」と経験の可視化
村上靖彦編著
◎2400円

そだちと臨床 児童福祉の現場で役立つ実践的専門誌
『そだちと臨床』編集委員会編
◎1600円

児童福祉司研修テキスト 児童相談所職員向け
金子恵美編集代表、佐竹要平、安部計彦、増沢高、宮島清編
◎2500円

要保護児童対策調整機関専門職研修テキスト 基礎自治体職員向け
金子恵美編集代表、佐竹要平、安部計彦、藤岡孝志、増沢高、宮島清編
◎2500円

〈価格は本体価格です〉

子ども・家族支援に役立つ
面接の技とコツ

〈仕掛ける・さぐる・引き出す・支える・紡ぐ〉児童福祉臨床

宮井研治 編

四六判／並製
◎2200円

川畑隆・衣斐哲臣・菅野道英・笹川宏樹・梁川惠・伏見真里子・大島剛 著

発達相談や非行・虐待相談で「来てよかった」と思ってもらえる効果的な面接を行うにはどうすればよいか。子ども・家族支援の現場に長年携わってきた著者たちが「仕掛ける・さぐる・引き出す・支える・紡ぐ」の5つのキーワードと豊富な事例を元にわかりやすく伝授する。

生まれ、育つ基盤 子どもの貧困と家族・社会
シリーズ・子どもの貧困①
松本伊智朗・湯澤直美編著 ◎2500円

遊び・育ち・経験 子どもの世界を守る
シリーズ・子どもの貧困②
松本伊智朗編集代表
小西祐馬・川田学編著 ◎2500円

教える・学ぶ 教育に何ができるか
シリーズ・子どもの貧困③
松本伊智朗編集代表
佐々木宏・鳥山まどか編著 ◎2500円

大人になる・社会をつくる 若者の貧困と学校・労働・家族
シリーズ・子どもの貧困④
松本伊智朗編集代表
杉田真衣・谷口由希子編著 ◎2500円

支える・つながる 地域・自治体・国の役割と社会保障
シリーズ・子どもの貧困⑤
松本伊智朗編集代表
山野良一・湯澤直美編著 ◎2500円

子どもの貧困と地域の連携・協働 〈学校とのつながり〉から考える支援
吉住隆弘・川口洋誉・鈴木晶子編著 ◎2700円

子どもの貧困調査 子どもの生活に関する実態調査から見えてきたもの
山野則子編著 ◎2800円

子どもの貧困対策としての学習支援によるケアとレジリエンス 理論・政策・実証分析から
松村智史著 ◎3500円

〈価格は本体価格です〉

発達相談と 新版K式発達検査

子ども・家族支援に役立つ知恵と工夫

A5判/並製
◎2400円

大島剛、川畑隆、伏見真里子、笹川宏樹、梁川惠、衣斐哲臣、菅野道英、宮井研治、大谷多加志、井口絹世、長嶋宏美〔著〕

新版K式発達検査を使い続けてきた著者たちが、アセスメントにあたっての留意点、子どもの発達像の読み方、所見作成、保護者への助言について、その考え方とヒントを公開。累計1万部にも達しているミネルヴァ書房『発達相談と援助』をより深めた、充実のK式発達検査ガイド。

保育の質を考える
安心して子どもを預けられる保育所の実現に向けて
近藤幹生、幸田雅治、小林美希編著
◎2300円

混迷する保育政策を解きほぐす
量の拡充・質の確保、幼児教育の振興のゆくえ
柏女霊峰著
◎1800円

幼児教育と「こども環境」
豊かな発達と保育の環境
氏原陽子、倉盛志郎、くしろせんもん学校・幼児の「環境」研究グループ編著
◎2000円

居場所づくりにいま必要なこと
子ども・若者の生きづらさに寄りそう
柳下換、高橋寛人編著
◎2200円

エビデンスに基づく学校メンタルヘルスの実践
自殺・学級崩壊・いじめ・不登校の防止と解消に向けて
長尾圭造著 三重県医師会学校メンタルヘルス分科会編
◎2500円

介護職の専門性と質の向上は確保されるか
実践現場での人材育成の仕組みづくりに関する研究
任セア著
◎3300円

医療福祉論
退院援助をめぐる社会科学的な探究
村上武敏著
◎3000円

養子縁組を考えたら読む本
これから親になるあなたに知って欲しい20のこと
シェリー・エルドリッジ著 ヘネシー澄子監訳 石川桂子訳
◎2200円

〈価格は本体価格です〉

心理臨床を見直す"介在"療法

対人援助の新しい視点

衣斐哲臣 編

A5判／並製 ◎2800円

対人援助のための理論や技法は数多くあり、援助者が人を支援する場面では二者の間に必ずそれらが"介在"する。現場の第一線の臨床家がこの"介在"視点に立ち自らの実践を語り、既成の学派や立場の違いを超えて心理療法および対人援助のあり方を再考する試み。

〈価格は本体価格です〉

シリーズ
みんなで育てる 家庭養護
里親・ファミリーホーム・養子縁組

相澤仁 [編集代表]

> これまでの子どものケアワーク中心の個人的養育から、親子の関係調整など多職種・多機関との連携によるソーシャルワーク実践への転換をはかる、里親・ファミリーホームとそれを支援する関係機関に向けた、画期的かつ総合的な研修テキスト。

◎B5判／並製／◎各巻 2,600円

① 家庭養護のしくみと権利擁護
澁谷昌史、伊藤嘉余子 [編]

② ネットワークによるフォスタリング
渡邊守、長田淳子 [編]

③ アセスメントと養育・家庭復帰 プランニング
酒井厚、舟橋敬一 [編]

④ 中途からの養育・支援の実際
——子どもの行動の理解と対応
上鹿渡和宏、御園生直美 [編]

⑤ 家庭支援・自立支援・地域支援と 当事者参画
千賀則史、野口啓示 [編]

〈価格は本体価格です〉